平均寿命
83歳！

貯金は
足りる？

定年までにやるべき「お金」のこと

年金200万円で20年を安心に生きる方法

深田晶恵
Akie Fukata

ダイヤモンド社

はじめに

「なんとかなる」と思っているあなたは〝下流予備軍〟

近年、「老後破産」「下流老人」といった言葉がメディアをにぎわせている。経済的に自立ができずに、生活保護などの公的な援助だけでなく、何かしらの援助がないと暮らしていけない立場になってしまう人たちのことを指す。過去に大企業でたくさんのお給料をもらっていた人も、一歩間違えば下流老人になりうる。

本書を手に取ったあなたも、こうした言葉を耳にして何となく不安を覚えつつ、「きっと自分は大丈夫なはず」という淡い期待を抱いているかもしれない。

だが、せっかくこの本を手に取ったなら、まず現実はそう甘くはないことを肝に銘じてほしい。

多くの人は、貯蓄や保険、住宅ローンなどお金のことについて「自分は平均的だ」

と思い込んでいるものだ。

実際、私はファイナンシャル・プランナー（FP）として20年以上、4000件以上の家計相談に乗ってきたが、40代半ばで預金が少なくても「みんなこんなものじゃないんですか？」と平然としているような人を数多く見ている。

しかし、勤務先、年収、年次、家族構成などが同じような人たちの間でも、貯蓄が3000万円もある人がいる一方で、貯蓄といえるのが普通預金の50万円だけという人もいる。**漠然と「自分は平均的、一般的な人生を歩んでいる」と考えていると、老後に痛い目に遭うおそれがある。**

特に、収入が高く「退職金が出るし、家もクルマも持っている自分が、将来金銭的に困るなんてことはないはず」と思っている人の中に、実は下流老人になる可能性が高い〝下流予備軍〟が多い。これは、「老後は必ず年収が大幅に下がるものだ」という事実に気付いていないからだ。

現役時代に年収が700万〜800万円あるような人でも、退職して年金生活に入れば、年金収入は200万円程度になる。つまり、**年収が500万円以上ダウンするのだ。**これだけ収入が激減するのだから、不足分を貯めておかなければ、今と同じ生活水準を維持できないのは明白だ。それなのに計画的な貯蓄もせず「なんとかなる」と思っている人は、〝下流老人〟になるリスクが高いといわざるを得ない。

あなた自身が〝下流予備軍〟かどうか、簡単に判定するポイントがある。次の3つの質問に、あなたは即答できるだろうか。

①世帯で1カ月に使っている金額は？
②昨年1年間で貯蓄できた金額は？
③60歳時の住宅ローン残高は？

いずれも、万円単位のざっくりとした金額でかまわない。
もし、すぐに答えられなかったのなら、あなたは自分が〝下流予備軍〟だと自覚する必要があるだろう。

まず①の毎月いくら使っているのかを即答できないのは、計画的にお金を貯めていないからだ。毎月、決まった額を貯めている人なら、月々の手取り額から貯蓄分を差し引いて使っている金額を計算できるはずなのだ。②の1年間で貯めた金額も、「毎月5万円、ボーナス時は20万円」などと貯蓄に回す分を決めている人なら、「年間100万円貯めている」とすぐ答えられる。

1カ月に使っている金額がわからない人の多くは、月々の手取り額以上に支出が膨らんでいることに気付いていていない。普通預金にまとまったお金が入っていると、毎月赤字になっていても日々の生活は回るからだ。ボーナスで赤字を補填するので、預金額は大きく減ることはなくても、増える気配もない――私のもとに相談にやって来る人のうち、半分ほどはこのパターンに陥っている。

普通預金に200万円程度を維持していて「ある程度のまとまったお金はある」状態というケースも多く、やりくりに困っているというほどではないので、危機感が乏しいのも特徴と言えるだろう。

だが、貯蓄が増えていないのは、企業でいえば「利益ゼロ」が続いているということ。このような状態を放置すれば、老後資金の準備はとても間に合わない。

③の60歳時の住宅ローン残高については、どうだろう。

住宅ローンを返済中の人は、「返済は70歳まで」というように、完済年齢は頭に入っているものだ。ところが、定年になる60歳でいくらローンが残っているのかという点については、ほとんどの人が考えていない。

そもそも、住宅ローンを借りるときに多くの人が気にするのは、「毎月いくらなら払えるか」だ。あなたも、ローンを組むときは「毎月10万円なら返せるな。70歳完済か……まぁ、途中で繰り上げ返済していって、あとは定年時に退職金で完済すればいいだろう」などと考えたかもしれない。

しかし、その**肝心の退職金がいくらもらえるかを正しく知っている人は少ない。そして、60歳時の住宅ローン残高を知っている人もほとんどいない。**つまり、多くの人は**「いくらもらえるかわからないお金で、いくら残っているかわからないローンを返そうとしている」**わけだ。

おそろしいことに、60歳時の住宅ローン残高を調べると、最近は1000万円を超えている人はザラにいるのが実態だ。一方、退職金は1500万円程度の人が多く、よくて2000万円程度。老後資金がローン返済でなくなってしまう人はめずらしくなく、それどころか退職金では返済しきれないケースさえある。

「住宅ローン返済が続く間は、働き続ければいい」と考えるかもしれないが、40～50代前半の高い給与水準をずっと維持することはできない。

役職定年がある会社なら55～56歳で年収が大きく下がるし、60歳で定年退職すれば、年金受給が始まるまでの間、収入はゼロになる。雇用延長などで60歳以降も働き続けたとしても、年収は定年前の半分以下になるのが一般的で、多くは3分の1程度にまで落ち込むのだ。年収が３００万円になっても、毎月10万円の住宅ローンの返済をし続けられるだろうか？（【図1】参照）

また、年金生活が始まってもローン返済が続けば、さらに厳しい。

65歳からの年金受給額は、一般的なサラリーマンの場合、現在の水準で1カ月あたり16万円程度。もしも月10万円の住宅ローン返済が続いたら、ローン返済後に手元に残るのは月６万円。光熱費や通信費などの固定費を払えば、あっという間になくなってしまうだろう。妻の年金収入を食費に充てて、何とか生活していけるかどうか……

図1 60歳以降にローン返済をするのは「下流予備軍」への道となる

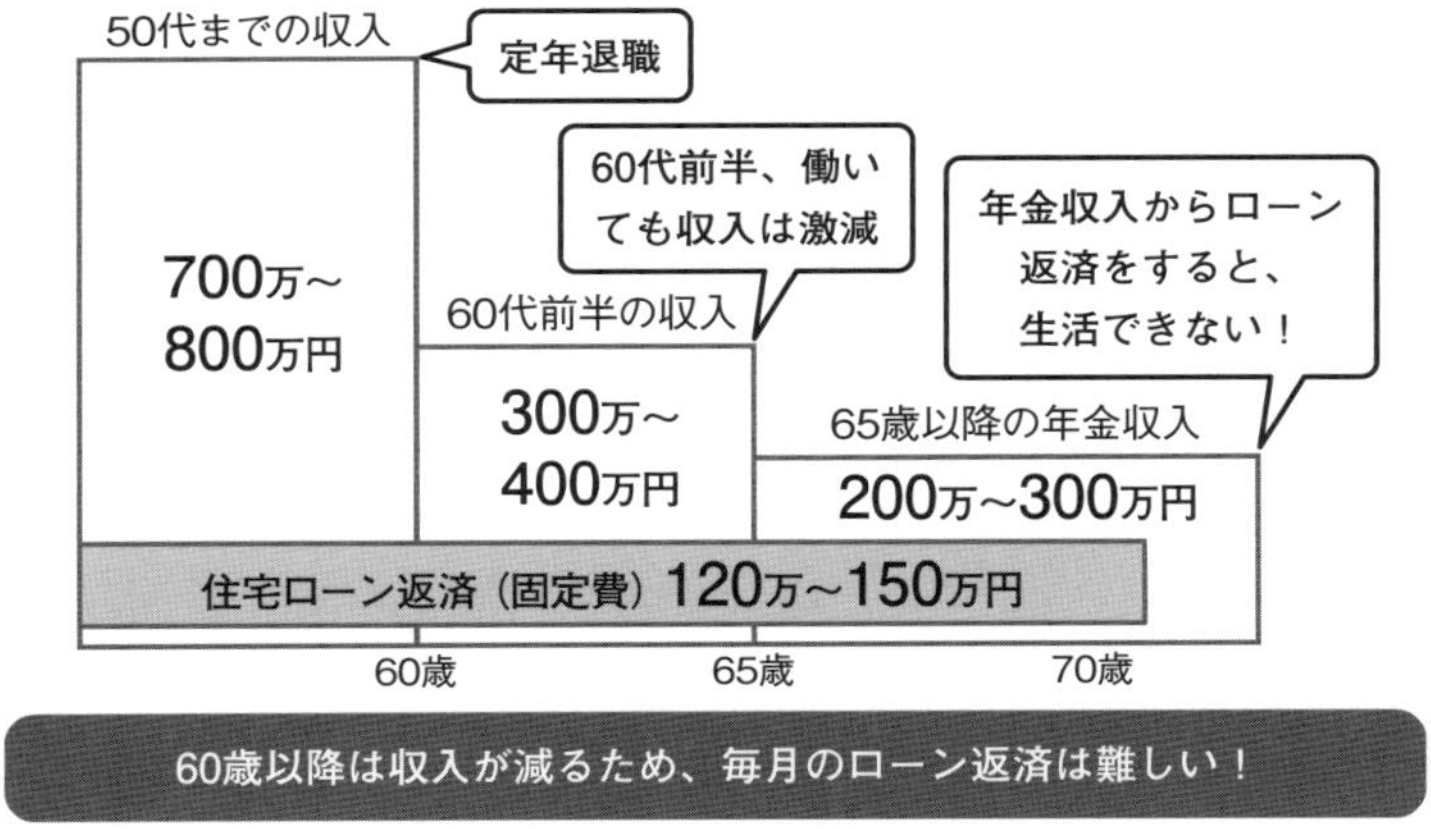

というところだ。

このような状況で、もし夫婦のどちらかが亡くなるようなことが起きれば、1人分の年金収入だけで暮らしていくのは困難だろう。

この本を手に取っている人の中には、住宅ローンの完済年齢が75歳や、もしかしたら80歳という人もいるかもしれない。年金生活に入ってからもローン返済が延々と続くケースは、今後増えていくと考えられる。返済が滞れば、高齢になってから家を手放さざるを得なくなるおそれもあるのだ。

手取り減少、消費税増税、教育費高騰……“下流予備軍”が増えるこれだけの理由

老後の生活に対して不安を抱く人が増え続けている。

現役時代にはそこそこ稼いでおり、それなりの生活ができていた人が、老後になった途端に経済的に厳しい生活を送るようになってしまう人たちが報道やノンフィクション本で取り上げられる機会が増えているからだろう。年収が高くても、年金生活になり、「今お金に困っている」「病気の治療費さえ手元にない」といった人たちの事例を知り「自分もそうなったらどうしよう」と不安に感じる。

一体なぜ、“下流予備軍”が増えているのか?

家計相談を受けていて感じるのは、**10年ほど前と比べると、同じ世代でも貯蓄額が顕著に減っていることだ。**

私の場合、企業向けのセミナーをきっかけに家計相談を受けにくるケースも多いため、長年にわたりセミナーを任されている企業なら社員の貯蓄額の経年変化も把握で

きる。10年前の40代~50代と今のこの世代では、勤務先が同じで役職も同等なケースでも、貯蓄額に大きな差がついてしまっているのだ。

背景には、いくつかの要因がある。

一つは、手取り年収の減少だ。厚生年金保険料や健康保険料、介護保険料などの社会保険料は増加傾向にあり、配偶者特別控除の一部廃止、年少扶養控除廃止などにより所得税や住民税も負担が増している。つまり額面年収が同じなら、給与から差し引かれる社会保険料や税金が右肩上がりに増えている分、手取り収入はどんどん少なくなっているわけだ。

加えて、近年は消費税増税の影響も大きい。２０１４年４月に消費税率は５％から８％に引き上げられた。２０１７年４月には、再度、８％から10％への引上げが予定されている。

これらは数字をみても明らかである。大和総研の「消費税増税等の家計への影響試算」（２０１５年度予算案反映版）では、２０１１年~２０１８年の家計の実質可処分所得の推移を試算している。

この試算においての「実質可処分所得」とは、リアルな手取りのことで「可処分所得＝税引き前の給与収入－（所得税＋住民税＋社会保険料）＋児童手当（子ども手当て）」とし、さらに消費税が1％引き上げられるとその年度に物価が0・72％上昇するという大和総研の予測に基づいて、消費税増税分も考慮したものだ。

左の【図2】は、世帯年収500万円の会社員のケース（片働き、3歳以上中学生以下の子ども2人）を試算したグラフだ。同じ年収でも、2011年と2018年では、実質可処分所得が年間30万円以上も減っていることがわかる。減少の要因を見ると（15ページ【図3】）、今後は消費税増税の影響が非常に大きいことも見て取れるだろう。

使えるお金は減っているのに、今の40～50代は支出も膨らみがちだ。特に家計への負担が大きいのが、教育費である。

「子どもにはできるだけ充実した教育を受けさせたい」と思うのは親心だろう。だが、高校生や大学生の子どもを持つ40代後半～50代半ばの親世代は、その親世代である70代と比べ、格段に重い教育費支出を強いられていることをご存じだろうか？

昭和52年と平成25年で比較すると、この間に公務員の初任給が2倍ちょっとに伸び

図2 今後も手取りはずっと下がっていく

※扶養家族は配偶者と３歳以上中学生以下の子ども２人
（出所）大和総研「消費税増税等の家計への影響試算（2015年度予算反映版案）」より

実質可処分所得

＝税引き前の給与収入−（所得税＋住民税＋社会保険料）＋児童手当−消費税負担分

た一方、大学初年度にかかる授業料と入学費は私立大学で約3倍、国立大学は約5倍にもなっているのである。

また、今の40〜50代はバブルの時代やその残り香を知っている世代だ。家計相談を受けていると、他の世代と比べ、突出して「消費好き」が多いと感じる。

もちろん、この世代でも無駄遣いをせずしっかり貯蓄できている人はたくさんいるが、「クルマは持っていて当たり前」という人、海外旅行に行ったりゴルフをしたりするのにどんどんお金を使う人、ブランド物を好む人が40〜50代には多い。「消費好き」なので羽振りは良く見えるが、「実は貯蓄がほとんどできていない」というケースはめずらしくない。

ここまで読んで、「自分は〝下流老人予備軍〟だ」と気付いた人は、今、冷や汗をかいているかもしれない。だが、〝下流老人〟への転落を防ぐ方法はある。

まずは現状を正しく認識し、「大丈夫なはず」という〝気持ちの粉飾決算〟をやめることだ。「なんとかなるさ」ではなく、「なんとかする」と決め、老後に向けてしっ

図3 手取りが下がった「減少要因」の主なもの

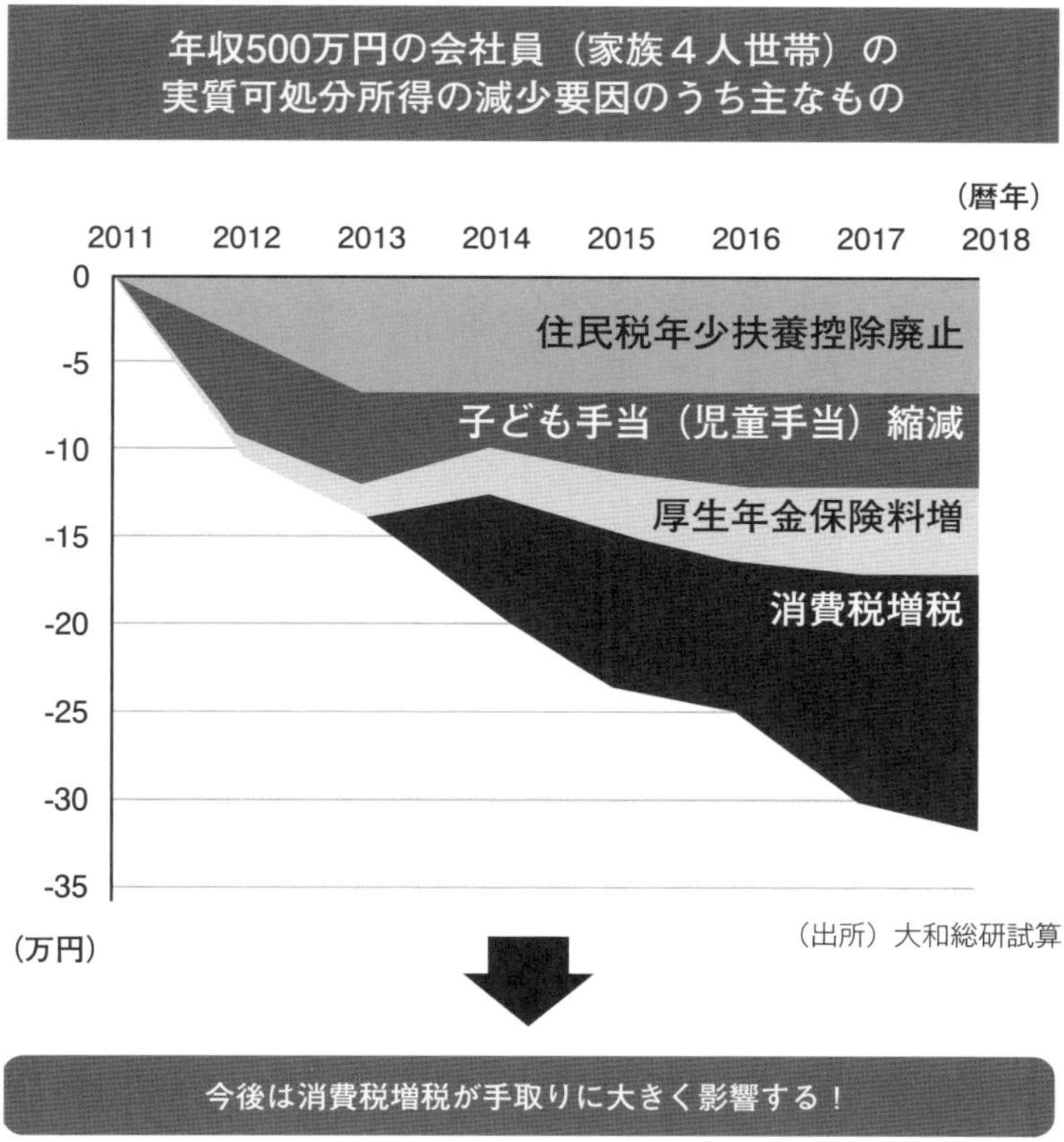

（出所）大和総研試算

かり準備していかなくてはならない。

本書は、〝下流予備軍〟が本当に〝下流〟に流されてしまわないよう、適切な老後準備を進めていくための羅針盤となることを目指している。ぜひ、危機意識を持って読み、第1章から紹介する具体的な対処法を実践していってほしい。

もくじ

平均寿命83歳！　貯金は足りる？

定年までにやるべき「お金」のこと

第1章

老後年収２００万円時代に、20～30年を生きのびられるか

第２章

下流老人にならないための２つの力

第3章

住宅ローン、教育費、消費好き…三重苦を解決するための処方箋

第4章

お金の知識がないとだまされる！ 〝下流予備軍〟の原因となる「保険」と「投資」

第5章

将来の安心のために、今できること

第1章

老後年収200万円時代に、20～30年を生きのびられるか

安心の老後が見えない！

今の40～50代が抱える「三重苦」

昨今、多くの人が老後に漠然《ばくぜん》とした不安を持つようになったのは、年金制度への不安ばかりが原因ではない。私は、今の40～50代が、自分でも気付かないうちに老後の準備を妨げる「三重苦」に陥っているケースが多いことも原因の一つだと考えている。特に、年収が高めの人ほど「三重苦」に苦しむ傾向が強い。

「三重苦」とは、

①多額の住宅ローン
②高騰する教育費
③どんどんお金を使う「消費好き」

である。以下、典型的なパターンを見てみよう。

Ａさん（46歳）は年収８００万円の会社員。「これだけ稼いでいるんだから、人よりちょっといい生活ができて当たり前」という意識が強い。だが、年収は十分に高いはずなのに、近年は貯蓄がまったくできていない。

なぜ８００万円という高年収であるにもかかわらず、貯蓄ができないのか？　実際の家計の年間収支はどうなっているのだろうか。

Ａさんはパートで働く妻、私立中学と私立高校に通う２人の子どもの４人家族だ。収入は、年収８００万円から税金や社会保険料を差し引くと、手取りが６１０万円ほどとなる。妻のパート収入90万円と合わせて家計全体の手取り年収は７００万円だ。

Ａさんは28歳のときに３７００万円のマンションを購入している。頭金は５００万円で、３２００万円の住宅ローンを組んだ。返済額は毎月10万円、ボーナス時は20万円。ちなみに繰り上げ返済はできておらず、18年後の現在、まだ２０００万円のローンが残っている。

ローン返済額は、年１６０万円。このほかに固定資産税などもかかるため、住居費だけでも支出は年２００万円にのぼる。

生活費は月にだいたい20万円で、年間２４０万円。食べ盛りの子どもが２人いて「人よりちょっといい生活」をしていれば、このくらいの金額はあっという間になくなっていく。

負担が重いのは、教育費だ。私立校に通っていると、授業料だけでなく修学旅行や課外授業といったイベントにかかる費用もバカにならず、子ども２人分を合わせると、年間２２０万円にものぼる。

住居費、生活費、教育費だけで、支出は年間６６０万円。このほか、夫婦それぞれの小遣いや帰省費用などの臨時出費もあるので、残る40万円はいつのまにか消えている。40万円というとまとまった額に思えるかもしれないが、１カ月あたりにならせば３万円ちょっとで、「飲みに行って部下におごってしまい、小遣いを使いすぎた」といった程度の積み重ねで消えてしまう金額だ。

子どもが小学生の頃、Ａさん一家は夏休みに家族で海外旅行に行くのが恒例行事になっていたが、今はそのような余裕はない。年間収支は何とかトントンという状態なので、もちろん貯蓄はまったくできない【図４】。

今後、子どもが大学に進学する時期を迎えれば、教育費負担はさらに重くなる。Ａ

図4 世帯年収890万円（手取り700万円）でもお金が残らない

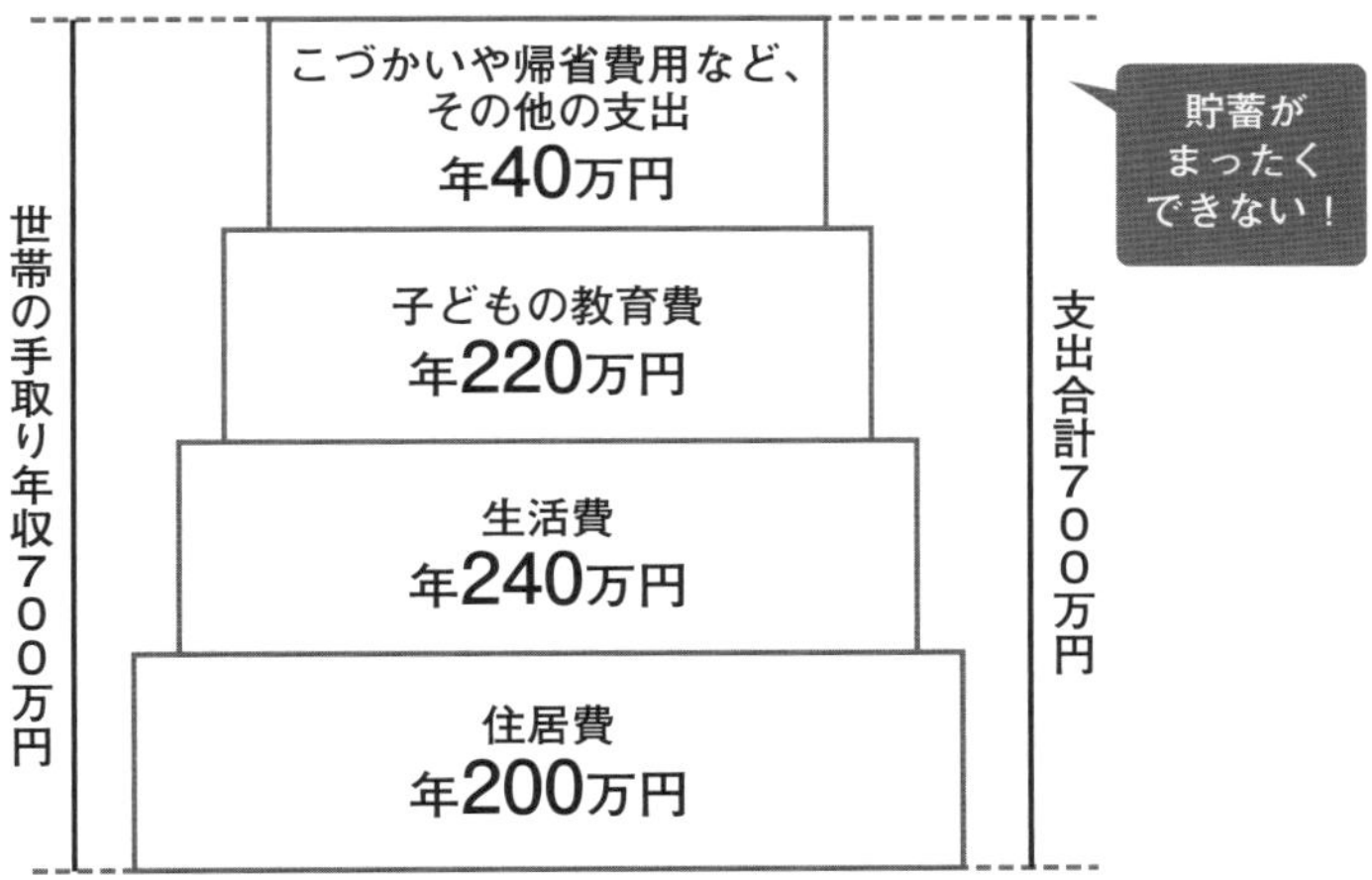

さんは老後に漠然とした不安を抱きつつも、具体的に対策を考える余裕もない。

一方、Ｂさんは自他共に認める「エリートサラリーマン」で、年収は１２００万円。妻は専業主婦で、２人の子どもが私立の中学と高校に通っている。

年収１２００万円といっても、家計の状況は厳しい税金や社会保険料を差し引いた手取り年収は約８７０万円だ。

額面ではＡさんより４００万円も多いが、収入が高くなると税率が高くなるので、手取りで見れば２６０万円しか違わない。

しかし年収が高い「エリートサラリーマン」だけに、Ｂさんには「多少は贅沢をしても大丈夫」という気持ちがある。夏休みには家族で海外旅行に行き、休日には同僚とゴルフに行くことも多い。当然、クルマも持っている。

Bさんの家計の年間支出を見ると、住居費はAさんとほぼ同様で年間200万円。教育費が220万円。生活費はより膨らみがちで、毎月だいたい25万円かかっており、年間では300万円になる。このほか、クルマがあるため駐車場代やガソリン代、自動車保険料などの維持費が年間60万円。これだけで年間の支出は780万円にのぼる。

この他、家族旅行代や夫婦の小遣い、ゴルフ代などで手取り年収の残り90万円はきれいになくなってしまう。1カ月にならせば10万円にもならない金額だから、使うのはあっという間だ【図5】。

年収が1200万円もあると聞けば、普通は「家計にはかなりの余裕があるはず」「貯蓄も相当なものだろう」といったイメージを持つだろう。だが、このように「多少は贅沢な生活」をしているだけで、貯蓄をする余裕などまったくなくなってしまうのが現実だ。

事実、私のもとに相談にやってくる、上場企業や金融機関などで働く年収1000万円超の「エリートサラリーマン」は、驚くほど貯蓄が少ないケースが多い。それど

図5 年収1200万円（手取り870万円）でもお金が残らない

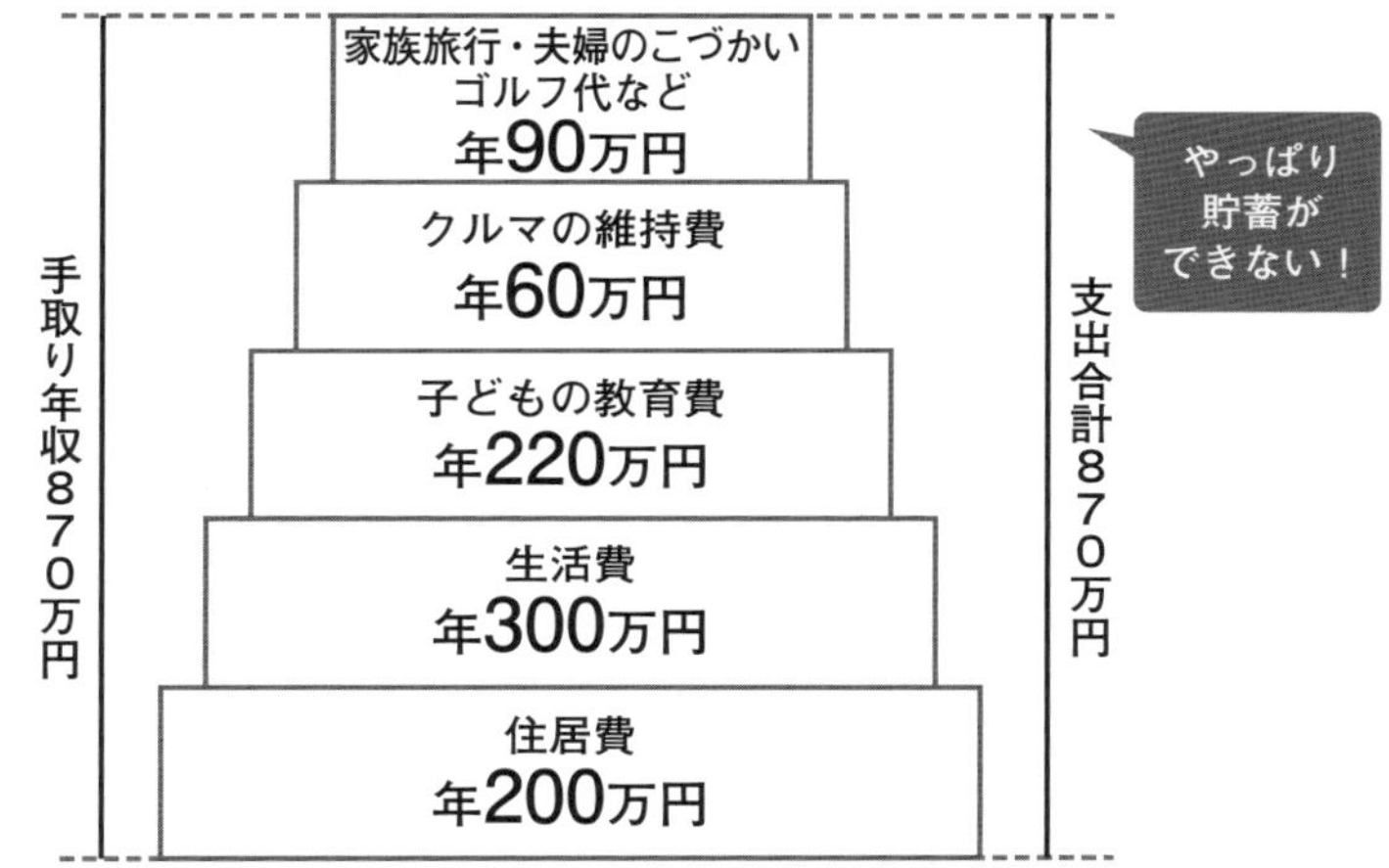

ころか、カードローンを利用している人もいる。

ここまで読んで、「ウチでは妻に渡している額はもっと少ないから、まだ大丈夫かも」などと思った人も、注意が必要だろう。というのも、妻が使う生活費が〝インフレ状態〟になっているのに、そのことにまったく気付いていない夫は少なくないからだ。

生活費の管理は、出口が複数あるのがやっかいなところと言える。たいていの家計では、「現金」「銀行口座からの引き落とし」「クレジットカード払い」と出口が3つあり、生活費の実態は、この3つを合計してみないと把握できなくなっている。

しかし夫が財布のヒモを握っている場合、妻に毎月決まった額の生活費を渡すことで「管理しているつもり」になりがちだ。

たとえば「毎月15万円」といったように、決まった額だけを妻に現金で渡したりキャッシュカードで引き出させたりしていれば、夫は「生活費を一定の枠で管理できている」と考える。

だが実際には、銀行口座からの引き落としやクレジットカード払いが想像以上に多く生活費がふくらんでしまっているケースはめずらしくない。

代表的な例が、通信費だ。一昔前なら固定電話代で数千〜1万円くらいの支出ですんでいたが、今は家族全員が携帯電話を持つのが当たり前。子どもが大きくなって携帯を持つようになると、通信費は増える。インターネットのプロバイダー料金や有料テレビの視聴料などがかかる場合もある。夫婦と子ども2人という家族構成で全員がスマートフォンを持っていれば、月々の通信費は少なくとも3万5000円ほどにはなるだろう。年間でみれば42万円の支出である。

毎月通信費にいくらかかっているのか、足し合わせてみたことがない人はこの金額にギョッとしたかもしれないが、実際にはもっと通信費が膨らんでいるケースもめずらしくない。負担がじわじわと重くなっていても、銀行口座からの引き落としやクレジットカード払いになっていると目が届きにくく、家計を圧迫していることに気付かないのだ。

もう一つ、死角になりやすいのは、妻がクレジットカードで払っている生活費だ。昨今、スーパーなどではポイントが貯まるクレジットカードの利用を勧めており、日々の買い物でクレジットカードを使うのはごく当たり前になっている。しかし、夫から現金で生活費を渡されている妻が、「先月は食費のうち5万円をクレジットカードで払ったから、その分は返すわ」と言うケースはまずない。夫がクレジットカードの明細をよく見ていなければ、カード払いの分はそのまま「予算超過」になるわけだ。

さて、「現金」「銀行引き落とし」「クレジットカード払い」の3つを合わせた毎月の生活費を、あなたは即答できるだろうか？

「今、ウチの生活費がいくらかかっているか」を把握できていない人は多い。収入が増え、子どもが大きくなるにつれて少しずつふくらんできた生活費が、びっくりするほど高額になっている可能性もある。

今は高収入の会社員でも老後は年収２００万円台に！そこから20～30年生きのびられるか？

さて、現役時代に「三重苦」に苦しむ今の40～50代が年金生活に入ったら、一体、どんな生活が待っているのだろうか？

厚生労働省のモデル年金額は、40年間サラリーマンだった人で年１９０万円（老齢厚生年金と老齢基礎年金の合計額）だ。妻がずっと専業主婦であった場合、基礎年金額の約78万円のみとなり、世帯のモデル年金額は約２６６万円となる。

夫の現役時代の給料が平均より高めだと１９０万円より多くなるし、妻の年金加入期間が40年に満たないと78万円より少なくなる。いずれにせよ、年収が高めのサラリーマンでも、年金生活が始まれば、家計全体の年収は２００万円台になると考えられる。

たとえば、先に見た年収８００万円のAさんの予想される年金額は２２０万円。妻の分（約78万円）と合わせても２９８万円と、３００万円に満たない。60歳以降は１カ月あたり25万円弱で生活していかなくてはならないわけだ。

では、老後の生活費はどのくらいかかるのか。今の年金生活者の暮らしを数字で見てみよう。

総務省の家計調査データ（２０１５年）では、高齢で無職の夫婦２人世帯の平均年収は約２５６万円。一方、年間支出は３３１万円。年間収支はマイナス75万円となっている。年におよそ75万円の赤字は、現役時代に貯めたお金や退職金などの老後資金を取り崩しながら生活しているというのが実態だ（次ページ【図６】）。

年金暮らしが始まる65歳以降、毎年70万円を取り崩していくとすると、90歳までの25年間で必要な金額はおよそ１７５０万円となる。ただし、この必要金額は今の段階では「仮の数字」としておこう。本書の読者の老後生活はもう少し支出が多くなるかもしれないし、そもそも人によって生活ぶりは異なる。〝自分の場合の必要老後資金〟は第３章で算出するとしよう。

図6 今の高齢者の収支は毎年 75 万円の赤字生活

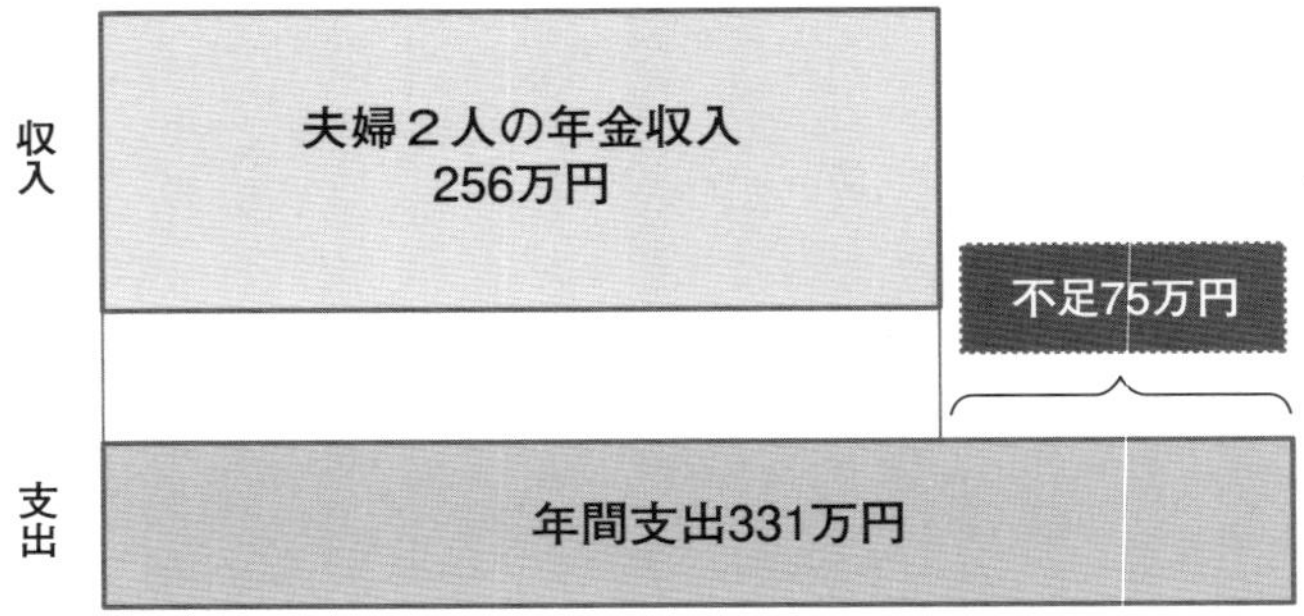

総務省の家計調査（2015 年）
夫 65 歳、妻 60 歳以上の高齢無職世帯のデータより

ところで、「65歳から90歳までの25年間で必要な金額」の部分で、男性の多くは「自分は90歳まで生きていないだろう」と考えているかもしれないが、何歳まで生きるかを事前に予測することはできない。もしかすると、もっと長生きすることだってありうるのだ。

それに、配偶者はどうだろう？　一般に、女性は長生きだ。夫が死亡した後は、年金収入が激減した中で生活していかなくてはならない。そして65歳女性の平均余命は【図7】の通り、平均で89歳なのだ。

このように考えると、赤字補填額は少なくとも「90歳までの25年分」を見ておくべきだ。

図7 60 代の平均余命は 86 歳となり、老後が 20 年以上続く

0歳の平均余命（寿命）	男性	女性	平均
	80.5歳	86.83歳	83.1歳

（歳）

年齢	男性	女性	平均余命
60	83.36	88.68	86.02
65	84.29	89.18	86.735
70	85.49	89.81	87.65
75	86.94	90.6	88.77
80	88.79	91.71	90.25
85	91.24	93.35	92.295
90	94.35	95.66	95.005

※上記は平成 26 年簡易生命表（厚生労働省）HP より作成

65 歳まで生きた人は「余命で」考えると
➡ 平均86.7歳まで生きる

さらに病気への備えや家の修繕費、子どもへの支援などの特別支出も別途用意する必要がある。

“下流予備軍”から“下流老人”へ流される理由

私がFPになった1990年代後半は、今のような老後に対する不安の声はあまり聞かれなかった。

実際、退職後の生活設計の相談を受けていると、当時は「住宅ローンは完済済みで、貯蓄は1000万円ほど。退職金が2000万円もらえるので、老後資金は3000万円」といったケースが多かったものだ。先に見たように、3000万円というのは老後資金としてまずまずの金額といえる。

ところがこの数年は、老後資金の準備がまったくできていない人の割合が年々増えている。60歳時点の住宅ローン残高を確認すると1500万円も残っており、さらに子どもの大学進学時に借りた教育ローンが200万円もあったりする。その一方で、貯蓄は１００万円ほどしかないといったケースがめずらしくない。

こういったケースでは、退職金でローンを完済すると、老後資金はほとんど残らない。つまり頼みの綱は年金のみといった〝下流予備軍〟の典型例だ。

こうした事態に陥っている40～50代の家計を見ると、以下の５つの要因が大きいと言える。

①住宅ローンの借りすぎで60歳時のローン残高が多額。結果、老後資金が不足。
②都市部では子どもを中学から大学まで私立に通わせるケースが増え、ただでさえ右肩上がりの教育費支出がさらに膨らむ。
③30代の出産が珍しくなくなり、教育費のピークが50代後半以降にある。そうなると子どもが社会人になって独立してから親がまもなく定年を迎えることとなり、老後に向けて貯蓄にスパートをかける期間が短い。
④子どもの大学進学時に教育ローンや奨学金を借りており、借金が多い。
⑤そもそも計画的に貯蓄できていない。

当てはまるものが複数あって、ドキっとした人は少なくないはずだ。ちなみに、2つ以上当てはまるなら、〝下流予備軍〟の可能性が高くなる。

老後資金がなく、1カ月あたり夫婦で20万〜25万円の年金しか収入がないというのはどんな生活になるかを想像してみてほしい。今の年金生活者の支出は【図6】でもあった通り約27万円であり、収入はそれより少ない。

「リタイア後の生活」で思い描くような妻との旅行や子どもたちへの支援などを、この収入だけで実現するのは無理だとすぐわかるだろう。福祉のお世話にはならないまでも、病気になっても病院に行くのをためらうかもしれないし、家が壊れても直すお金がなく、傷むにまかせるしかなくなるかもしれない。

これでは、日々暮らしていくことはできても、気持ちのうえでは〝下流〟になってしまうのではないだろうか。

なお、この場合夫が先に亡くなると、残された妻が受けとれる年金は1カ月あたり約11万〜15万円と減り、妻が先に亡くなると夫の年金額は月13万〜18万円ほどになる。毎月の赤字を補てんする老後資金がないと、福祉のお世話にならざるを得なくなったり、家を手放すことになったりと、まさに昨今言われる〝下流老人〟まっしぐらになるおそれがある。

年金生活者の赤字はこの5年で26万円も増えている

今の40～50代は、老後の準備に対する意識をもっと高めていかなければならない。それは、これまでに見てきた要因のほかにも、老後の生活を圧迫する要因があるからだ。

先ほど見た【図6】の2015年の総務省のデータでは、年金生活者の「赤字額」は年間でおよそ75万円となっている。しかし2010年は、この「赤字額」は約49万円だった。実は、**年金生活者の「赤字額」は年々増加しているのである。**

この間の赤字額が拡大しているのは、高齢者がお金を使いすぎているからではない。

社会保険料がアップしたことが主な要因だ。

収入はほとんどが公的年金によるもので、その年金は毎年のように減り続けたことにより、わずか5年間で26万円も赤字が増えた。

実は、高齢者世帯の収支の悪化はここ数年に始まったことではない。

【図8】は、年金収入が厚生年金と企業年金（退職金の分割受け取り）の合計で300万円ある人の手取り額を試算したグラフだ。手取り額は「額面の収入」から「社会保険料＋所得税・住民税」を差し引いて計算する。

1999年には、額面の年金収入が300万円あれば、手取り額は290万円だった。ところが2015年には、同じ年金収入でも手取り額は258万円。なんと、この16年間で32万円も減ってしまったわけだ。

なぜこのような「ホラー」としか呼べない状況になっているのかというと、この間、年金生活者の税金や社会保険料負担がどんどん引き上げられてきたからだ。

左の【図8】のグラフの内訳を見ると、1999年は国民健康保険料が10万円程度で、所得税と住民税はかからなかった。しかし2015年には国民健康保険料のほか

図8 年金の手取りは16年間で32万円も減っている！

年金収入300万円（厚生年金＋企業年金）の人の手取り収入推移

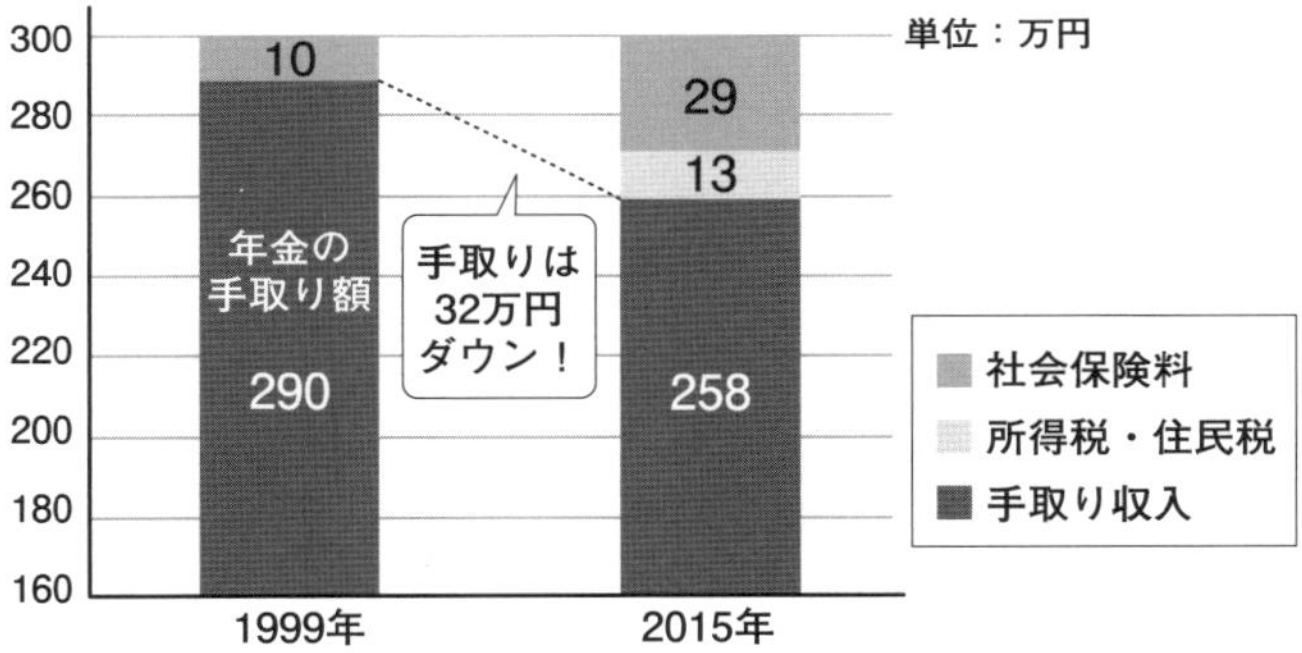

※現役時代は会社員の65歳の年金生活者（妻は専業主婦）、東京23区在住の例
社会保険料は、1999年は国民健康保険料、2015年は国民健康保険料＋介護保険料
（筆者試算）

に介護保険料の負担もあり、社会保険料は約29万円にもなる（国民健康保険料と介護保険料は自治体により保険料が異なる。試算は東京23区に住んでいる人のケース）。所得税・住民税も約13万円かかる計算だ。

２０００年以降に実施された、年金の手取り額を減少させる制度改正を見てみよう。

◉おもな増税

２００４年：配偶者特別控除（最大38万円）の一部廃止

２００５年：65歳以上の老年者控除

（50万円）の廃止、65歳以上の公的年金控除額の縮小
２００６・２００７年：定率減税の縮小&廃止

◉おもな社会保険料負担の増加

２０００年：公的介護保険の導入による保険料発生
２００８年：後期高齢者医療制度導入による保険料発生

公的年金収入の非課税ラインは、２００３年まで約３００万円だったのが、**２００４年、２００５年の所得控除廃止・縮小によって一気に１００万円下がり、２００万円程度から課税されるようになった。**

この影響は、税金の負担額が増えるというだけでなく、自治体サービスにも及ぶ。

高齢者が「住民税非課税世帯」つまり、住民税がかからない（支払いのない）世帯になれば、自治体サービスによって医療費や介護保険料などが低く抑えられるケースが多い。つまり所得控除の廃止・縮小によって課税される世帯が増えたことで、こうした措置が受けられなくなってしまった人がたくさんいるということだ。

さらに、国民健康保険料と介護保険料も、少額ずつ毎年アップしている。

公的年金の受給額そのものも、実質的な目減りが進む。年金受給額は物価や賃金に応じて決まる仕組みになっており、もともとは物価と賃金の上昇率のうち低いほうに合わせることになっている。しかし現在は、将来世代の負担が重くなりすぎるのを防ぐための制度として「マクロ経済スライド」が導入されている。これは、物価や賃金の上昇率から１％程度差し引いて年金額を調整するというもので、今後30年ほど続けられる予定となっている。

デフレ状況下にあった２０１０年度から２０１３年度の間は、年金受給額は毎年、引き下げられていた。

２０１４年は物価が２・７％、賃金が２・３％上昇したので、もともとの仕組みに従うなら２０１５年度の年金額は２・３％増額されていたはずだった。しかし「マクロ経済スライド」によりマイナス０・９％、さらにこれまで物価下落時にスライドしなかったときの調整（払いすぎた年金）の分としてマイナス０・５％、合計１・４％

が差し引かれたため、年金額は0・9％増に留まった。

つまり、年金額は額面で0・9％増えたのだが、2・7％の物価上昇と比べれば実質1・8％目減りしたことになる。

2015年度のケースから分かるように、**今後も「マクロ経済スライド」により、物価が上がれば年金の実質的な目減りは進んでいく。**

少子高齢化が進み社会保障費が増大していることを鑑みれば、増税や社会保険料の負担増という流れも続くと考えるのが自然だろう。

もちろん、今後も公的年金が老後の生活

図9「マクロ経済スライド」で年金が減る

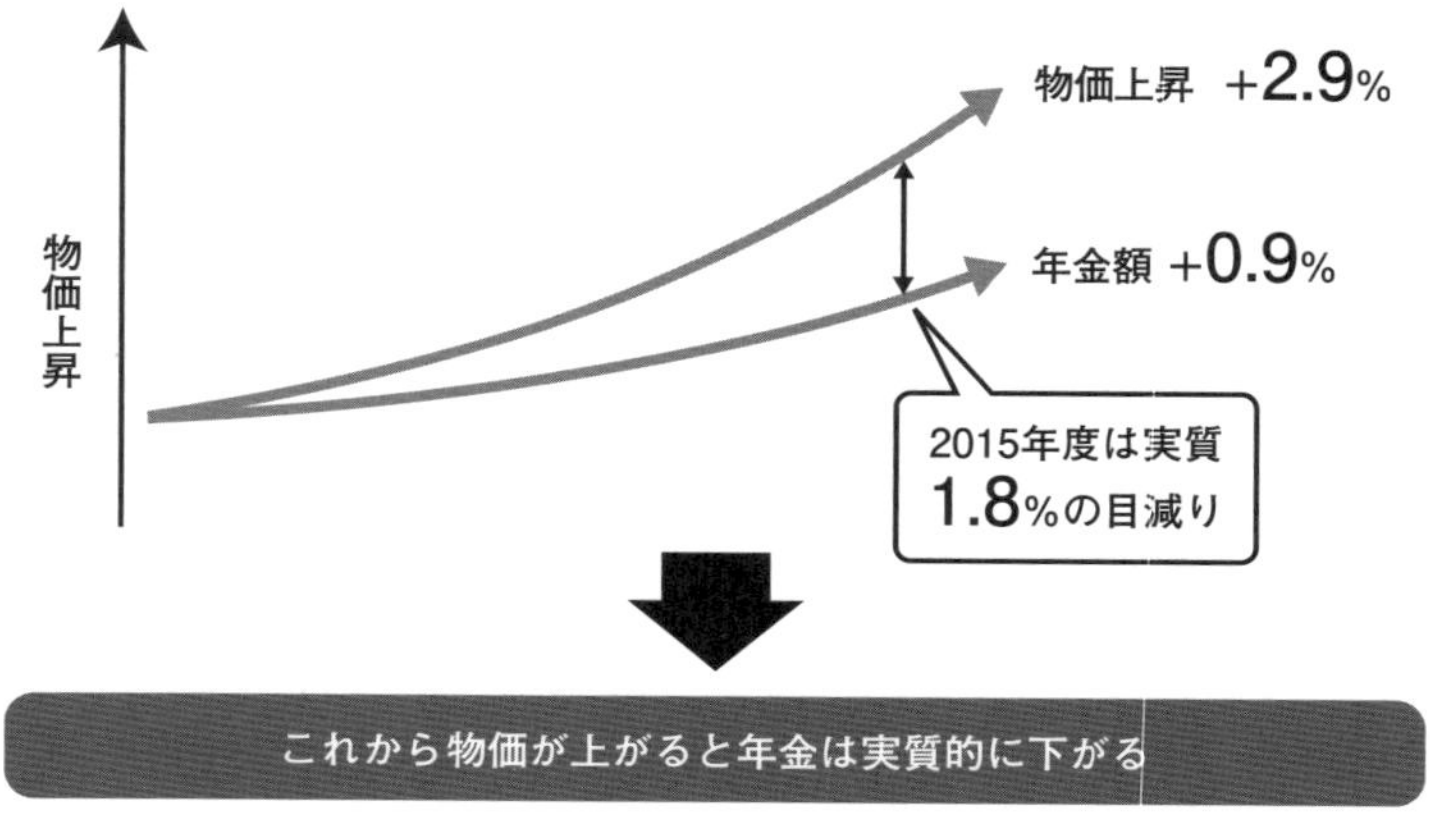

のベースとなるものであることは間違いなく、「将来、年金が一切もらえなくなるのでは」といった行き過ぎた年金不安におびえる必要はない。

だが、「年金さえあれば老後の生活は何とかなるのでは」と楽観的に考えている人がいるとしたら、それは大きな間違いだ。

年金の現状と今後の見通しを知れば、自助努力の必要性が増していることは疑いようがないのである。

第２章

下流老人にならないための２つの力

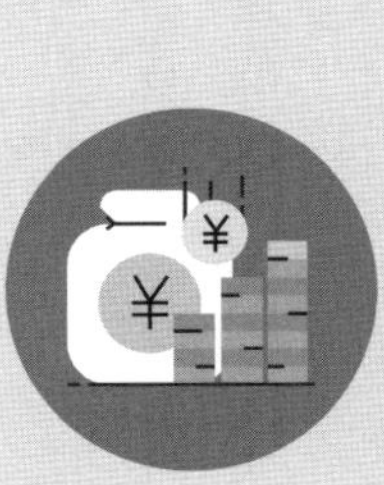

〝制度を知る・利用する力〟と〝少し先を想像する力〟が「ない」と下流老人になる

〝下流老人〟という言葉を広く世に知らしめたのは、藤田孝典氏の『下流老人 一億総老後崩壊の衝撃』(朝日新聞出版)だろう。藤田氏は、NPO法人ほっとプラスの代表理事として10年以上にわたり生活困窮者支援を行っており、著書では〝下流〟の実情が丁寧にまとめられている。

藤田氏は「生活保護基準相当で暮らす高齢者及びその恐れがある高齢者」を〝下流老人〟とし、次の3つが「ない」ことを特徴として挙げている。

①収入が著しく少「ない」
②十分な貯蓄が「ない」
③頼れる人間がい「ない」(社会的孤立)

このうち、①と②には密接な関係がある。高齢になれば、たとえ働く意思があっても、病気や求人の年齢制限などにより働けないケースは増える。すると年金がおもな収入となり、足りない分は貯蓄でまかなうほかない。中には、サラリーマンとして働いた期間が短いなどさまざまな事情により、年金額がかなり少ない人もいる。唯一の収入である年金が少なければ貯蓄が減るペースは速くなり、より貧困に転じやすいと言える。

しかし、私は仮に年金収入が少なく、十分な貯蓄がなかったとしても、全員が〝下流老人〟になるわけではないと考えている。

そもそも、日本の年金制度は、現役時代の収入を１００％保証する制度設計にはなっていないため、**定年後は誰しも収入が大幅にダウンする。**年金収入の範囲内で生活する人もいるとはいえ、ほとんどの人は貯蓄を取り崩しながら老後生活を送るものなのだ。貯蓄が心もとなくなるケースはざらにあるし、年金生活の途中で配偶者と死別すれば、年金収入が激減する可能性もある。老後に現役時代より貧乏な生活を強いられるのは、ある意味では当たり前のことだとも言える。

では、〝下流予備軍〟から〝下流老人〟に転落する分かれ目は、一体どこにあるのか？

私は、次の2つが「ない」ことだと考えている。

①制度を知る・利用する力が「ない」
②少し先を想像する力が「ない」

貧乏な老後はもちろんだが、それ以上に〝下流老人〟にだけはなりたくないという人は多いだろう。そこで本章では、まず「最低限これだけは身につけておくべき」と言える2つの力について説明しておきたい。

社会保障制度や福祉制度の多くは、「申請主義」である

まず一つめの、制度を知る・利用する力が「ない」とは、どういうことなのか。

頭にたたき込んでおきたいのは、社会保障制度や福祉制度の多くは「申請主義」だということだ。どんなに良い制度があっても、そのことを知らず申請手続きを取らなければ、利用することはできない。「国や自治体がいいようにしてくれるはずだ」などと思い込んでいると、痛い目に遭うことになる。

たとえば、公的な健康保険には、自己負担額が一定額を超えると超過分が戻ってくる「高額療養費制度」があることをご存じだろうか。一般的な所得なら、69歳までは月9万円前後が最終的な自己負担になる。たとえば、ある月の医療費が100万円かかり、窓口で自己負担3割分として30万円を払ったとしても、差額分が支給されることで自己負担は9万円前後で済むのだ。

この高額療養費制度、大企業に勤めていて健康保険組合に加入している人の場合、原則、申請しなくても自動的に支給される。しかし協会けんぽ（全国健康保険協会）や国民健康保険の加入者の場合、自分で手続きをしなければ高額療養費の支給は受けられない。詳しくは146ページから説明する。

私がFPとして家計の相談を受けると、ときに「大きな病気をして今年は医療費がたくさんかかった」という人がいる。そこで高額療養費の申請をしたかどうか訊ねると、「医療費で確定申告するやつですよね？」などと言われることが少なくない。これは「医療費控除」の話で、「高額療養費制度」とは違うものだ。もちろんこの「医療費控除」も自分で確定申告しなければ税金は戻ってこない。こういった仕組みを知っている人は「高額療養費制度」を使って自己負担を減らし、さらに「医療費控除」を使って税金を取り戻すことが可能であり、まさに知らないとソンということになる。

医療費が原則10万円を超えた場合に確定申告をすれば、税金が戻ってくるという医療費控除だが、なんとなく制度は知っていても、正しく知らないために十分に利用できていないケースも多い。たとえば退職後に大病して医療費が多くかかってしまったとき、「もう働いていないから（税金もそんなに払っていないので）、医療費控除は受けられない」という人がいるが、医療費控除の金額は「世帯」の合算できる。

配偶者や子どもなど生計を同じくする人の中に働いている人がいるなら、その人が確定申告をすればいい。これも、アドバイスすると「そうなんですか？」と驚かれることが多いポイントだ。

公的年金も「65歳になったら自動的に振り込まれるのだろう」と思っている人がいるが、実際には請求手続をしなければ年金は受け取れない。

また、転職経験がある人の場合、年金の「もらい忘れ」が発生する場合もある。たとえば、企業年金制度を持つ企業に勤めていたことがあり、企業年金への加入期間が10年未満でも「中途脱退者」として企業年金連合会から年金を受給できる。加入期間が10年以上の場合も、企業年金が解散した場合は「解散基金加入員」「終了制度加入者」として企業年金連合会から年金を受給することになる。しかしこれらのケースは、いずれも自分で申請することが必要だ。

〝下流老人〟にしても、メディアで取り上げられる実例を見ていると、年金受給額が少なくてとても生活できない水準の人がいる。年金受給額が生活保護基準を下回っていれば生活保護を申請すると、差額分を受給できるのだ（他の支給要件を満たす必要あり）。しかし、これも知らなければ利用できない。

ほかにも、「申請しなければもらえないお金」は多い【次ページ図10】。日本の社会

図10 申請するともらえるお金はいろいろある！

確定申告で所得税・住民税を軽減	寄付をした【寄付金控除】
	災害や盗難に遭った【雑損控除・災害減免法】
	1981年5月以前の住宅のリフォームをした【住宅耐震改修特別控除】
自治体から助成金をもらう	相続などで持っている古い空き家を解体した【解体費用の一部を助成】
	耐震診断・耐震改修、バリアフリーリフォームをしたなど【自治体独自の助成制度あり】
医療・介護で給付を受ける	家族の介護のために会社を休んだ【介護休業給付金】
	医療費に加え介護費も結構かかった【高額医療・高額介護合算療養費制度】
	特別な介護用具を購入した【介護福祉用具購入助成】

保障制度や福祉制度には優れたものがたくさんあるが、制度を知らず、利用する力がなければ〝宝の持ち腐れ〟である。

こういった話をすると「申請しないともらえないなんて、そんなひどい話があるのか」と怒る人もいる。だが冷静に考えれば、振込先も知らせていないのに国や自治体からお金が振り込まれることはありえない。社会保障や福祉の制度が「申請主義」なのは、ある意味では当たり前のことなのだ。

社会保障制度や福祉制度の中には、仕組みが複雑だったりわかりにくかったりするものもある。日々の生活の中で意識する機会がなければ、なかなか知識がついてこないのは仕方がない面もあるだろう。

だが、問題は知識の有無ではない。自分がいざ困ったとき、「まずいな、何か利用できる制度はないかな」「どこか相談できる窓口はないかな」と考え、**自分で調べたり誰かに聞いたりすることができるかどうかがポイントだ。**

たとえば年金については、各地の年金事務所や年金相談センターなどに相談すればいい。あるいは、年金についてまとめた書籍や退職者向けの図解本などを買い、一通り目を通すのもいいだろう。たとえわからないことがあったり、手続きがもれているものがあったりしても、こうした行動をきっかけに問題は解決していけるものだ。

老後に向けては、社会保障制度や福祉制度が社会のベースにあることを意識してセンサーを発達させておくことが大切だ。

たとえば自治体の広報誌に目を通していれば、市区町村が発信する情報をキャッチでき、高齢者が利用できる制度にどんなものがあるのかもだいたい頭に入る。いざ必要な場面になったとき、「たしかあんな制度があったはず」と思い出すことさえできれば、あとは調べたり人に聞いたりすればいいのだ。

今、あなたは企業の福利厚生で守られているだろう。同様に、退職後は市区町村の制度が自分にとって福利厚生のようなものになると考えよう。

「制度を知る・利用する力」は、定年退職してから身につけるのでは遅い。現役のうちから意識しておくことが肝心だ。まずは年老いた両親の日常を聞き出し、知らずに利用していない制度がないか調べることから始めることを勧めたい。もちろん、これは自分でやることに意味があるので、妻に任せ切りにしてはならない。

多くの人が無知でソンしている！国や会社の制度を知っていれば1000万円浮かせられる

「制度を知って利用する力」は、会社勤めの人ほど身につきにくいと言える。サラリーマンの場合、勤務先の総務部や人事部が自分に代わってさまざまな手続きをしてくれる環境にあるため、「自分で調べる」「相談に出向く」といったことに慣れていないのだ。

総務部や人事部に手続きを任せられるのは、確かに、忙しく働く人にとって便利な面もあるのだろう。だが何でも任せきりにしていると、知らないうちに1000万円近くもソンする可能性がある。「まさか、そんな」と目を疑うかもしれないが、これは実際に多くの人に当てはまる話だ。

先ほど、「高額療養費制度は、大企業に勤めていて健康保険組合に加入している人の場合、原則申請しなくても自動的に支給される」と説明した。この便利な仕組みのため、大企業のサラリーマンの多くは、高額療養費制度について無知であることが多い。高い医療費がかかり、高額療養費が支給されても、給与明細をろくに見ていなければそのことにさえ気付かないからだ。

さらに、健康保険組合によっては高額療養費制度に付加給付があるところもある。付加給付とは、さらにお得な上乗せ給付のようなもので、月の医療費負担の上限が2万円程度となっているケースはめずらしくない。この場合は、手術して100万円かかったとしても自分の負担は1カ月たった2万円ですむ。しかしこうした健康保険組合に入っているにもかかわらず、このような手厚い医療保障があるということを知らないままである人も非常に多い。

私のもとに家計相談にやってきた40歳のCさんは、まさにこのパターンだった。大企業に勤めていて、健康保険組合の付加給付があるので、医療費の自己負担上限は月2万円。さらにCさんの勤務先は、社員が死亡した場合の死亡退職金や弔慰金などの制度も充実していた。

つまり、このようなケースでは、民間の保険会社の生命保険や医療保険に自分のお金を毎月支払って加入する必要性がぐっと低くなる。まず、医療費の上限が月2万円ですむなら、医療保険に入る必要はほとんどないと言っていい。生命保険に関しても、会社の制度が充実しているならその分だけ民間の保険で用意する死亡保障は少なくすむ。

ところがCさんの家計をチェックすると、なんと生命保険会社に支払う保険料だけで毎月5万円にものぼっていたのだ。

営業担当者から「御社の方はみなさんこれくらいの保険に入っていますよ」と勧められるままに加入した、死亡保障や医療保障などたくさんの保障がセットになった保険。上司に言われて加入した職場のグループ保険。その他、「老後のための貯蓄にもなる」と言われて入った保険や、妻の医療保険……。

図11 40歳から79歳までの夫婦２人分の保険料比較　その差はなんと1008万円

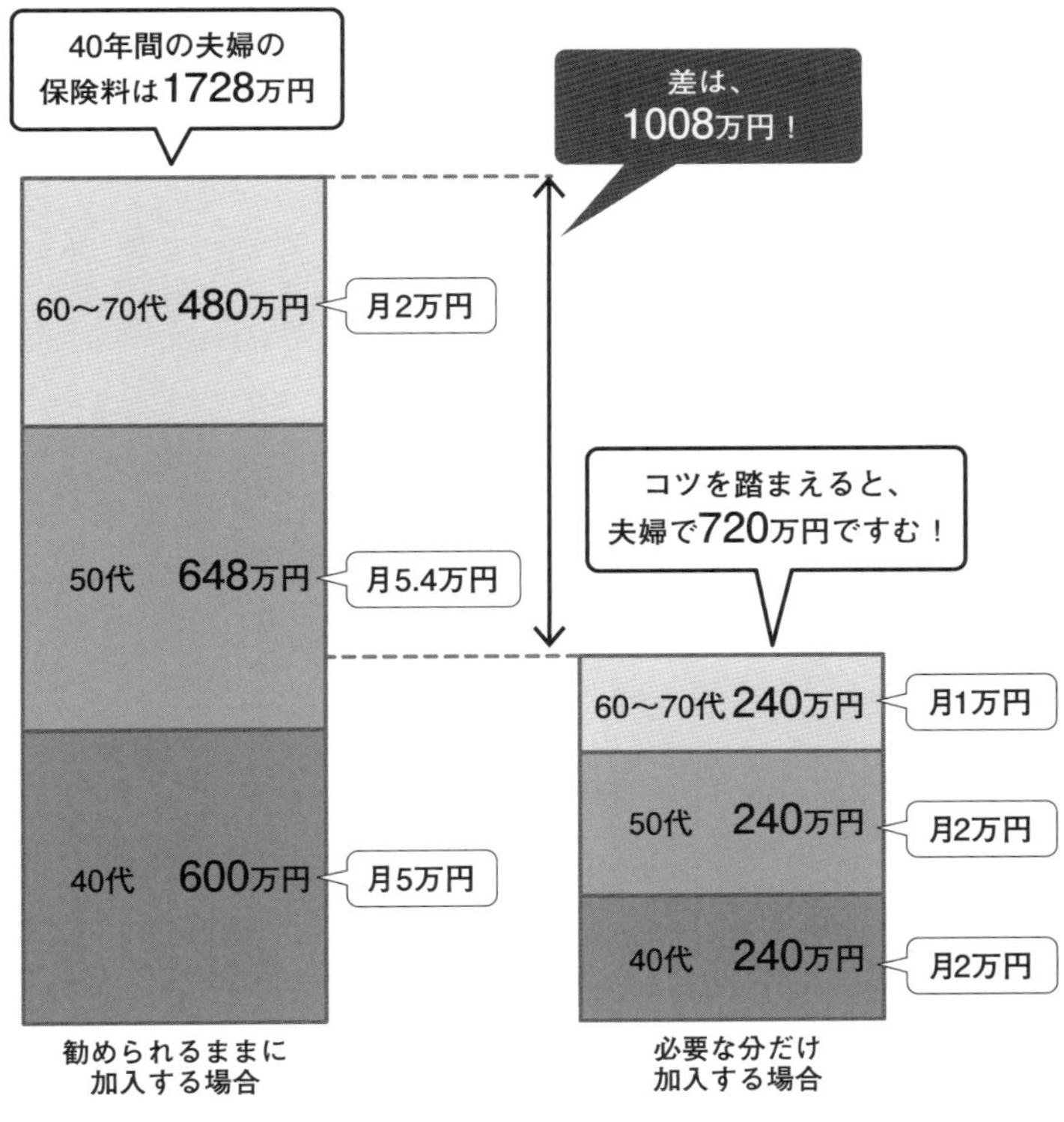

図12 世帯年間払込保険料

（万円）

	平成27年
全　体	38.5
40〜44歳	41.0
45〜49歳	44.2
50〜54歳	49.8
55〜59歳	49.2
60〜64歳	43.4

年間約50万円も支払っている！

（万円）

	全生保
平成18年	52.6（▲0.7）
平成21年	45.4（▲7.2）
平成24年	41.6（▲3.8）
平成27年	38.5（▲3.1）

＊全生保は民保（かんぽ生命を含む）、簡保、JA、県民共済・生協等を含む
＊（　）は前回調査との差

「生命保険に関する全国実態調査」（平成27年度）より

Cさんは年収が800万円近くあり、これまで保険料を払うのが厳しいと感じたことはなかったという。しかし、これらの保険はCさんにとってその大半が不要なものなのだ。それに毎月5万円を払い続ければ、年間で60万円、10年で600万円も支払うことになる。

私はCさんに、必要な保障に絞って保険を見直すことを勧めた。その結果、Cさんの月々の保険料は約2万円に激減。将来分の見直しを含め、

保険料を約1000万円もカットできたのだ。59ページ【図11】。この分を貯金に回せば、それだけ将来の安心が近づく。

本来、生命保険や医療保険は、社会保障制度や勤務先の福利厚生などでは足りない保障を補完するものと考えるべきだ。しかし、多くの人は「すでに持っている保障」があることを知らず、そのありがたさに気付かないまま、次々と民間の保険に加入して払う必要がない保険料を支払い続ける。

生命保険文化センターの「生命保険に関する全国実態調査」（平成27年度）によれば、世帯の年間払込保険料は平均で38・5万円、世帯主の年齢別に見ると50～54歳では最も高く、平均49・8万円となっている【図12】。このデータからも推測できるように、Cさんのように年収が高い人についていえば、年間60万円といった高額な保険料を払っているケースは少なくない。

制度を知らないのは、実は非常に怖いことだとおわかりいただけただろうか。

「少し先の予測」ができないと、老後資金がどんどん流出していく！

では2つめの、少し先を想像する力が「ない」というのはどういうことか。

これは、よりわかりやすく言えば、「自分のお金に関すること」について、5年後、10年後はどうなっているかを考える習慣があるかどうかということだ。

たとえば退職金を手にすると、初めて持つ大金に気持ちが大きくなる人は少なくない。後先を考えず、「せっかくリタイアしたんだから、夫婦でゆっくり海外旅行に」「子どもが家を買うなら頭金を少し出してやろう」などとお金をどんどん使ってしまい、気付けばほんの数年で300万円、500万円といった金額を使ってしまうのだ。

このような行動は、まさに「少し先を想像する力がない」ために取ってしまうものだと言える。

「先を想像する」というのは、さほど難しいことではない。足し算、引き算、そして、割り算、掛け算ができれば十分だ。

では、退職金を手にした人が「先を想像する」と、どうなるだろうか。もし65歳時点で退職金と貯蓄を含めた老後資金が３０００万円あるとする。大きな病気にかかったときの備えや家の修繕費など「特別支出」のために１０００万円は取り分けておくとすると、残りは２０００万円。90歳までの25年間でこのお金を使うとすると、〝割り算〟を使って２０００÷25だから１年当たりの取り崩し額はだいたい80万円になる。月にならせば１カ月６万６０００円だ。

このようにちょっと計算してみれば、退職金が入ったからといって「使っていい金額」はそう大きくないこと、数年で何百万円も使うなど言語道断であることはすぐわかる。これがまさに「先を想像する」ということである。

「先を想像する」というのは、言われてみればごく簡単なことだと感じるだろう。だが、日々の生活でこれを実践できている人は少ない。

たとえば先に見た「保険料の払いすぎ」も、「先を想像する」習慣があれば、早めに気付けるはずなのだ。夫婦で今の保険料を5年、10年と払い続けたら、一体いくらになるか？　仮に医療保険に月２万円払っているなら、60歳から80歳までの20年間で

480万円が確実に手元からなくなるわけだ。一度〝掛け算〟を使って計算してみれば、「老後に収入が激減する中で、これほどの金額を払うだけの価値があるのかどうか」と真剣に考えるきっかけになるだろう。

生活費の管理にも、同じことがいえる。通信費が毎月4万円だったら、1年間では48万円、10年間では480万円。この金額を見れば、「なんとか通信費をカットして、一部は貯蓄に回そうか」という気になるのではないか。

保険料や通信費に限らず、支出は「年間でいくらかかっているか」を掛け算、足し算で計算してみる習慣をつけることを勧めたい。特に固定費については、一度見直しをしてカットできれば、家計改善効果が長く続くのでお勧めだ。少額に思える支出が「チリも積もれば」で家計を圧迫していることに気付き、支出を削れるポイントを発見できることもある。

また、貯蓄がなかなか増やせていない人は「あまった分だけとりあえず貯める」というパターンが多く、結局、「今月は貯められなかった」「先月は貯められたけれど、今月赤字で使ってしまった」といったことの繰り返しになっていることが多い。

これを脱するには、まず60歳までに貯めたい額を「１０００万円」「２０００万円」というように設定し、「毎年いくらずつ貯めればいいか」「それを毎月の収入とボーナスから貯めるとしたら、それぞれいくら貯蓄に回せばいいか」を計算してみよう。あとは、給与やボーナスが振り込まれたら、その分を先取りして積み立て貯蓄に回してしまえばよい。これも、「いくらずつ貯めたら10年後、20年後にいくらになるか」、先を想像することで手が打てるという一つの例だと言える。


ここで挙げた事例は、すべて非常にシンプルな計算で答えがわかるものばかりだ。

「毎月○円を払ったら、支出額は10年間でどれくらいになるのか」

「この金額を貯め続けたら、○年後にはいくらになるか」

「○円のお金があって、×年間これで暮らしていくなら、毎年いくらまで使っていいのか」


しかし繰り返しになるが、こういった簡単な計算すらしないままで、「なんとかなるだろう」と思っている人は非常に多い。

「少し先を想像する」力がないと、計画的にお金を管理できず、いずれは行き詰まることになる可能性が高い。〝下流老人〟への道に足を踏み入れてしまわないよう、「少し先を想像する力」を意識的に身につけ、家計管理のあらゆる面で実践していってほしい。

第3章

住宅ローン、教育費、消費好き…三重苦を解決するための処方箋

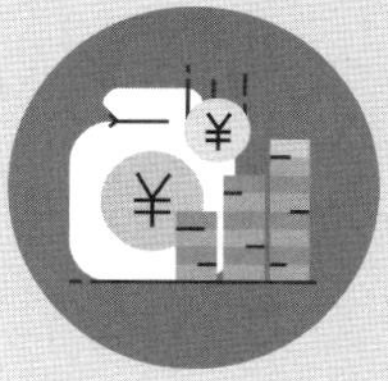

40～50代の老後資金の目安は「3500万円」

ここからは少しステップアップし、「下流予備軍」に陥らないために今からできることを一つずつ紹介していこう。まずは、老後資金としていくら必要なのか、目安をつかむことから始めたい。

最初に、今の高齢者がどれくらいの老後資金で暮らしているのかを復習しておこう。前述の通り、総務省の家計調査（2015年）によれば、高齢夫婦無職世帯の家計収支は収入が256万円、支出は331万円で、年間の収支はマイナス75万円だ。

このデータをもとに、65歳以降はたとえば、毎年約70万円を貯蓄から取り崩して生活すると考えると、90歳までの25年間で必要な金額は70万円×25年＝1750万円になる。このほか、家の修繕費や病気への備えなどの特別支出を25年間で1000万円と見積もれば、65歳時点で2750万円の老後資金が必要になる計算だ。

図13 現在の年金額と不足分

年間収入 256万円
年間支出 331万円

▲75万円

今の高齢者も年金だけでは
暮らせていない！

総務省家計調査（2015年）より

さて、ここで冷静に考えてみてほしい。あなたの生活は、２７５０万円の老後資金があれば十分まかなえるだろうか？

総務省の家計調査の結果は、今現在65歳以上の無職男性と60歳以上の無職女性の世帯を対象としたデータである。今の40～50代はバブル時代を謳歌した「消費好き」の世代であることを考えると、老後を迎えたときに今の高齢者と同程度の支出で暮らしていけると考えるのは無理がありそうだ。

また、支出額には「非消費支出」として所得税・住民税や社会保険料（国民健康保険料と介護保険料）が含まれている。先に見たように、少子高齢化が急速に進む日本において、税金や社会保険料の負担は重くなっていくと考えておくべきだろう。

これらの点をふまえ、さらに将来は公的年金が減額される可能性もあることを考えると、年間の取り崩し額として100万円は見込んでおくと安心だ。

すると、65歳から90歳までの25年間で貯蓄からの取り崩し額は2500万円となり、特別支出1000万円を加えると、**老後資金は3500万円ほど必要な計算になる。**

もちろん、3500万円が準備できればいいというわけではない。

夫婦で年金収入がおよそ250万円（家計調査の収入より）、1年間の貯蓄の取り崩し額が100万円とすると、1年間で使えるお金は約350万円という計算になる。「毎月30万円弱を自由に使える」と考えてしまいがちだが、それは大間違い。固定資産税や旅行代など、毎年かかるお金もこの範囲でまかなわなくてはならない。特別支出分の1000万円は家の修繕費用や病気への備えのほか、クルマの買い替え、子どもの支援、老人ホーム入居時の頭金など、本当に「特別」なときのためにとっておくべきものなので、いたずらに目減りさせてはならないからだ。

現役時代に年収が800万円もあった人が、何の対策も打たず生活スタイルもその

図14 60歳になったら「65歳以降の貯蓄取り崩し額」の予算を立てる

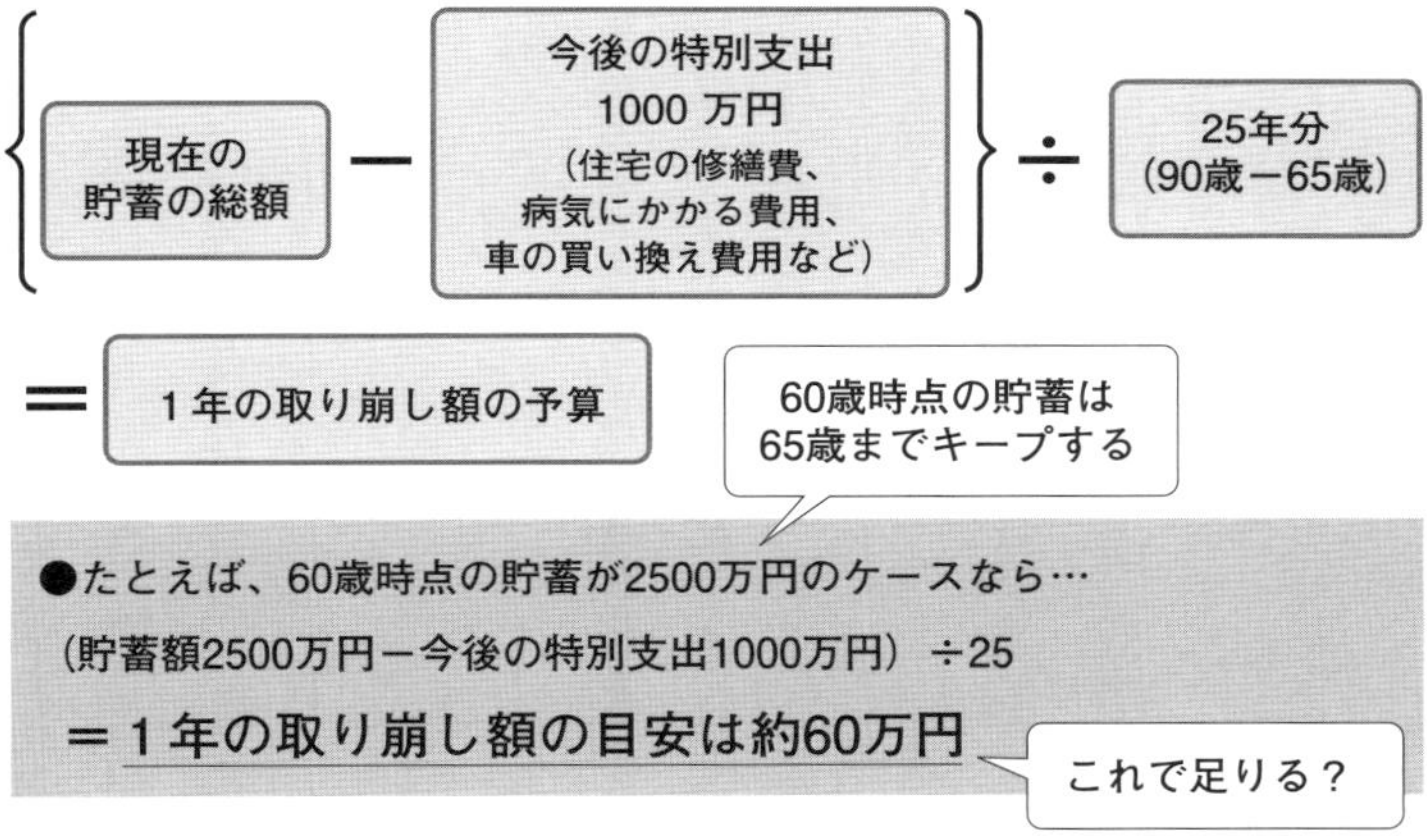

ままに年金生活を迎えれば、年間３５０万円で暮らしていくのはとても無理だろう。

実際、私のもとに「退職金の運用について相談したい」などといってやってくる人の多くは、住宅ローンが残ったまま、保険料の高い保険にも加入したままで、月々の支出が現役時代とあまり変わらないケースが多い。教育費負担がなくなった分だけ支出が減ってもよさそうなものなのだが、日々のやりくりに余裕が生まれて気が大きくなり、夫婦で旅行に行ったり外食したりする回数が増えれば、支出はふくらみっぱなしになる。

仮に年間６００万円を使う生活を続ければ、年金額が２５０万円だと毎年３５０万円を取り崩すことになる。これでは、せっかく3500万円を準備できても、10年で底をついてしまう。そして、この生活を25年続けると、約8750万円が必要となり、それは現実的ではない。

こうした事態を防ぐには、60歳になったときに「65歳以降の貯蓄取り崩し額」の予算を立てることが必要だ。まず、現在の貯蓄総額から特別支出に備えて取り分けておく分を差し引く。それを65歳から90歳までの25年間で取り崩していくと考えて25で割れば、自分1年間に取り崩してよい金額がわかる【前ページ図12】。

そもそも世帯で使っている金額を1カ月、1年単位でわかる人がほとんどいない

老後資金について計算してみると、〝下流予備軍〟におちいらないためには、現役時代より生活をダウンサイズすることが必須であることに気付くだろう。

しかし「生活をダウンサイズする」といっても、そもそも今現在、どれくらいのお

金を使っているかすら把握できていなければ、生活を見直すことなどできない。

そこで、老後の準備のファーストステップとして必ず取り組みたいのが家計の決算だ。「家計の決算だなんて、家計簿もつけていないのに……」と思うかもしれないが、心配は無用。私が提唱する「家計の決算シート」は生活費の内訳を細かく把握する必要がなく、家計簿をつけていなくても、誰でも作成できる仕組みになっている。

まず、手元に源泉徴収票と給与明細、預金通帳、クレジットカードの明細を用意しよう。もちろん、預金通帳やクレジットカードの明細は、ネットで確認できるならそれを利用してもよい。

最初に「手取り年収」を調べる。「手取り」とは、「額面年収」から所得税・住民税と社会保険料を差し引いた金額のことだ。「可処分所得」とも呼ばれる。

手取り年収は、そこからいくら貯蓄し、いくら使えるかを知るために必ず把握しておくべき額である。**ところが、手取り年収は給与明細や源泉徴収票を見ても記載されていない。実は、自分で計算してみなければわからない数字なのだ。**難しくはないの

図15 源泉徴収票の見方

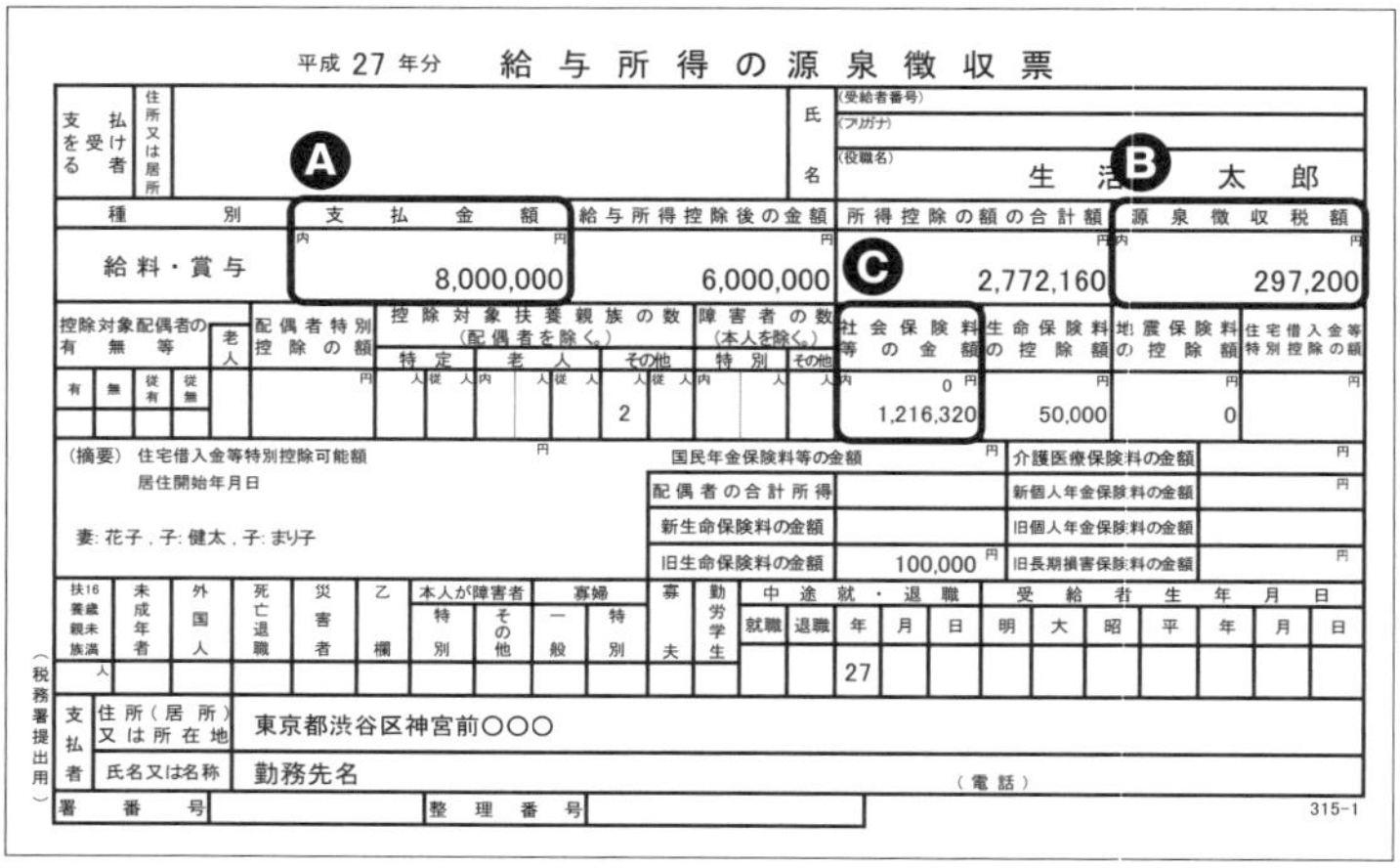
平成27年分　給与所得の源泉徴収票

支払を受ける者　住所又は居所
氏名　（受給者番号）（フリガナ）（役職名）　生活　太郎

種別：給料・賞与
Ⓐ 支払金額：8,000,000円
給与所得控除後の金額：6,000,000円
所得控除の額の合計額：Ⓒ 2,772,160円
Ⓑ 源泉徴収税額：297,200円

控除対象配偶者の有無等　老人　配偶者特別控除の額　控除対象扶養親族の数（配偶者を除く。）特定　老人　その他 2人　障害者の数（本人を除く。）特別　その他
Ⓒ 社会保険料等の金額：内 0円　1,216,320円
生命保険料の控除額：50,000円
地震保険料の控除額：0円
住宅借入金等特別控除の額

（摘要）住宅借入金等特別控除可能額　円
居住開始年月日
妻：花子，子：健太，子：まり子

国民年金保険料等の金額　円
配偶者の合計所得
新生命保険料の金額
旧生命保険料の金額　100,000円
介護医療保険料の金額　円
新個人年金保険料の金額　円
旧個人年金保険料の金額
旧長期損害保険料の金額　円

扶16養歳親未族満　未成年者　外国人　死亡退職　災害者　乙欄　本人が障害者 特別 その他　寡婦 一般 特別　寡夫　勤労学生　中途就・退職 就職 退職 年 月 日　27　受給者生年月日 明 大 昭 平 年 月 日

（税務署提出用）
支払者　住所（居所）又は所在地：東京都渋谷区神宮前○○○
氏名又は名称：勤務先名　（電話）
署番号　整理番号　315-1

で、早速やってみよう。

源泉徴収票からは、「支払金額（＝額面年収）」、「源泉徴収税額（＝所得税）」、「社会保険料等の金額（＝自分負担の社会保険料の金額）」の3つを拾う【図15】。

住民税については、源泉徴収票には記載されていないので、給与明細にある住民税の天引き額を12倍しよう。あるいは、5月頃に職場を通じて受け取る「住民税決定通知書」の「特別徴収税額（＝1年間の住民税の額）」から拾ってもよい。

すべての数字がそろったら、「支払金額Ⓐ－（源泉徴収税額Ⓑ＋社会保険料等の金額Ⓒ＋1年間の住民税の額）」を計算する。

年収800万円ももらっているAさんの

ケースでも、所得税が約30万円、社会保険料が約１２２万円、住民税が約38万円なので、手取り年収は約６１０万円となる。

おそらく、ここで「手取り年収はこれだけしかないのか」と驚く人が多いだろう。第1章で見た例を思い出してほしい。Ａさんは額面年収８００万円で手取り額は６１０万円、Ｂさんは額面年収１２００万円で手取り額８７０万円であった。こうした計算をせず、自分の額面年収のイメージに基づいてお金を使っていると、手取り額を超えた支出額になることもあるので注意が必要だろう。

次に、給与明細や通帳から「年間貯蓄額」を計算してみよう。

財形貯蓄や社内預金をしている人の場合、給与明細に天引きの積立額が記載されているので、1年でいくらになるか計算する。銀行等で定期積立貯蓄をした分、生活費が余って定期預金に入れた分なども足し合わせよう。

「日々の生活費から残った分がそのまま貯蓄になるので、いくら貯めたかわからない」という人は、普通預金の年初の残高から年末の残高を差し引けば「残ったら貯金」の金額が把握できる。

さて、「手取り年収」から「年間貯蓄額」を差し引くと、「わが家が1年間で使ったお金の合計額」がわかる。

おそらく、ここであなたは再度驚くことになるだろう。「これしか貯められていないのか」「1年でこんなにお金を使っていたのか」と恐怖を感じる人もいるかもしれない。

一体、お金はどこに消えているのか？　これを知るために、家計の決算シートを埋めていこう。

ぜいたくはしていないのに年間600万円も使っている!?

【図16】は、私が実際に相談業務やセミナーで使用しているオリジナルの決算シートに、よくあるパターンの50代の家計の数字を入れたものだ。これをもとに、決算シートの書き方を解説する。

図16 現在の家計を決算する【退職直前】

項目	内容	毎月	年数回	年間
基本生活費①	【口座引き落とし】公共料金、通信費、新聞代など	5万円		60万円
基本生活費②	【お財布支出】食費・日用品など	10万円		120万円
住居費	家賃や住宅ローン、固定資産税、マンション管理費、修繕積立金、火災・地震保険料など	13万円	20万円	176万円
車維持費	駐車場代、税金、ガソリン代、車検費用、自動車保険料など	2万円	15万円	39万円
保険料	生命保険など民間保険会社の保険料	5万円		60万円
交際費・余暇費	冠婚葬祭や夫婦のこづかい、趣味等にかかる費用、旅行費用など	6万円	30万円	82万円
その他の支出	耐久消費財の買い換え、スーツ代など		40万円	40万円
	支出合計額	41万円	105万円	597万円

収入がピークなので生活全般が膨らみがち。約600万円も使っている！

決算シートのうち、「住居費（家賃や住宅ローン、固定資産税、マンションの管理費や修繕積立金、火災・地震保険料など）」「車維持費（駐車場代、税金、ガソリン代、車検費用、自動車保険料など）」「保険料（生命保険料、医療保険料など民間保険会社の保険料）」は、クレジットカードの明細や通帳などから過去の支払い実績を調べれば、すぐに埋められる。月々の支出は「毎月」の欄に、毎月ではなく年に1～数回ある支出は「年数回」の欄に記入しよう。

多くの人が考え込んでしまいがちなのは、「基本生活費」だろう。しかしこれも、「銀行口座から引き落とされている公共料金、通信費、新聞代、クレジットカード払いにしているものなど」と「お財布支出（食費、日用品など）」に分ければ、把握するのは簡単だ。口座引き落とし分は、通帳を見れば確認できる。財布から出て行く生活費も、通帳を見て1カ月に口座から下ろした額を調べて記入すればよい。

「交際費・余暇費」は、毎月の支出額はざっくりどれくらい使っているかを記入しておこう。旅行費用などの支出や「その他の支出（耐久消費財の買い替え、スーツ代など）」は、まとまった額なら現金で払ってもだいたい記憶に残っているもの。カードで支払っていれば、明細を見れば正確な額がわかるだろう。

決算シートは、家計の全体像をつかむためのものなので、正確性にこだわる必要はない。中には「これは思い出せない」というものもあるかもしれないが、だいたいのところでもわかればよしとして、とにかくマスを埋めることを優先しよう。

さて、こうして埋めたものとして前ページ【図16】を見ると、どんな点に気付くだろうか。

各項目について「毎月」×12と「年数回」を合計すると、年間どれくらい支出しているかがわかる。基本生活費だけで年間１８０万円、住居費が年間１７６万円と、家計に重くのしかかっている。

気になるのは、やはり保険料だろう。毎月５万円払っていると、年間の支出は60万円にもなる。また、交際費・余暇費もふくらんでいると言えそうだ。毎月６万円、旅行代として年間30万円、合計すると年間で１０２万円も使っていることがわかる。そして、こうして決算シートを埋めてみると、年間支出が６００万円近くになっている現実がまざまざと目の前に示される。

額面年収８００万円、手取り収入が６１０万円の場合、支出合計が５９７万円なら、**貯蓄は1年間でわずか13万円しかできていないことが明らかになったわけだ。**

ちなみに、支出については「毎月」と「年数回」を縦に合計した金額にも目を向けたい。「日々の生活は毎月の給料でまかない、年数回の冠婚葬祭費や旅行費などはボーナスでやりくりしよう」と考える人は多いが、決算シートに数字を入れてみると、実際は日々の支出が膨らみすぎてボーナスが赤字補填に消えていることに気付くケースもあるからだ。

退職後でも、支出はあまり減らせない

現役時代に大きくなった生活サイズの見直しをしないと、どうなるのか。

たとえば【図17】は、60代前半、再雇用で働いているケースでよくある家計の決算シートだ。住宅ローンは退職金で完済したので、住居費はぐっと下がっている。しかし生活費と生命保険の見直しを先延ばしにしているため、全体の支出額は425万円とまだまだ多い。

このような生活を続けていては、再雇用後の給料だけでは支出をまかなえないだろう。年金生活に入る前に老後資金を取り崩し始めることになり、結局、65歳以降にしわ寄せが来ると予測できる。

では、どのように生活サイズを落とせば65歳以降を安心して暮らせるだろうか。82ページの【図18】は、65歳以降の生活を想定し、決算シートと同じ形式で予算を立て

図17 60代前半でありがちな家計【再雇用で働く】

項目	内容	毎月	年数回	年間
基本生活費	食費、雑費、公共料金、通信費、新聞代など	15万円		180万円
住居費	ローンは完済 固定資産税、マンション管理費、修繕積立金、火災・地震保険料など	2万円	10万円	34万円
車維持費	駐車場代、税金、ガソリン代、車検費用、自動車保険料など	2万円	15万円	39万円
保険料	生命保険など民間保険会社の保険料	5万円		60万円
交際費・余暇費	冠婚葬祭や夫婦のこづかい、趣味等にかかる費用、旅行費用など	6万円	10万円	82万円
その他の支出	耐久消費財の買い換え、不測の出費など		30万円	30万円
	支出合計額	30万円	65万円	425万円

ローンは退職金で完済したけれど、まだまだ支出額は多い。
生活費と保険の見直しを先延ばしにしてはダメ！

たものだ。

住居費や車維持費など、どうしても必要な支出はそのままにせざるを得ないので、削れるところを考えてみよう。

たとえば、基本生活費を見直し、毎月15万円かかっていたところを月12万円に減らすと、年間で36万円カットできる。

生命保険も保障が必要なものだけを残して保険料を月１万円に抑えると、年間支出は12万円にまで減り、48万円カットできる。

なお、新たに増える支出項

図18 65歳からの現実的な家計の予算

項目	内容	毎月	年数回	年間
基本生活費	食費、雑貨、公共料金、通信費、新聞代など	12万円		144万円
住居費	固定資産税、管理費、修繕積立金、火災・地震保険料など	2万円	10万円	34万円
車維持費	駐車場代、税金、ガソリン代、車検費用等	2万円	15万円	39万円
保険料	生命保険など保険料・掛金	1万円		12万円
交際費・余暇費	冠婚葬祭や夫婦のこづかい、趣味等にかかる費用、旅行費用など	6万円	40万円	112万円
その他の支出	耐久消費財の買い換え、不測の出費など		30万円	30万円
税金・社会保険料	所得税・住民税・国民健康保険料・介護保険料		35万円	35万円
	支出合計額（A）	23万円	130万円	406万円
	世帯の年金収入（B）	25万円	0万円	300万円
	収支（B）－（C）	＋2万円	－130万円	－106万円

これが1年間の取り崩し額！

目もある。税金や社会保険料は、現役時代は勤務先が納付してくれていたが、リタイア後は自分で払わなくてはならない。こうした支出も、忘れず予算に反映させておこう。

こうして削れるところや増えるところを予測し、数字を書き込んでみると、具体的にどのくらいの生活サイズなら予算内に収まるかが見えてくる。

【図18】のケースでは支出合計が４０６万円、世帯の年金収入は３００万円なので、年間の収支差額はマイナス１０６万円となる。これが1年間で老後資金から取り崩す額になるわけだ。このことから、65歳から90歳までの25年間の取り崩し分として２６５０万円を準備し、年１０６万円の取崩額を守って生活できれば安心と言える。

「家計の健全性」は大丈夫？ バランスシート作りの勧め

バランスシート（貸借対照表）は、企業会計では重要な財務諸表の一つで、財務の健全性チェックには必要不可欠なものだ。ビジネスパーソンなら、その役割はすぐわかるだろう。

実は、バランスシートは家計の健全性チェックにも使える。決算シートで家計を見える化できたら次は老後への備えとして、バランスシートの作成に取り組んでみることを勧めたい。

家計のバランスシートは、左側の「資産の部」に金融資産や不動産、その他の財産を時価で記入する。右側の「負債の部」には、住宅やクルマのローン、ほかに借入があればそれも合わせてローン残高を入れよう。「資産の部」と「負債の部」の差額が「純資産（企業会計でいう資本）」となる。

ただし私は、40~50代で老後の準備を考えている人であれば、「資産の部」からマイホームの時価はあえて外してバランスシートを作ってみるよう勧めている。これはかなり変則的なバランスシートだが、目指すべきは「退職前に住宅ローンを完済して老後の住まいを確保する」ことだ。そう考えれば、「ローン返済に行き詰まったら住まいを売って借金を返す」という選択肢を外した状態で、金融資産と借金のバランスを認識することこそ重要なのである。

私が企業向けのセミナーなどでバランスシートを作るワークを行うと、参加者が青ざめることが少なくない。それは、自分の家計が資産よりも負債のほうが多く「債務超過状態」にあることに気付くからだ。

具体例を見てみよう。【図19】は、Dさん（50歳）の家計のバランスシートだ。マ

図19 金融資産残高より、住宅ローン残高が多いケース

A【金融資産】	B【負債】
預貯金（夫）…600 万円 預貯金（妻）…200 万円 （財形貯蓄、投資信託、株式、貯蓄型保険の解約返戻金相当額なども含める）	住宅ローン残高…1800 万円 自動車ローン…なし 教育ローン…なし
	B【負債合計】 1800 万円
A【金融資産合計】 800 万円	C【純資産】 （金融資産でローンを返すと残る金額） ▲1000 万円

資産に不動産を含めない

イホームは資産から除外している。
「資産の部」を見ると、金融資産は合計８００万円。一方、「負債の部」は住宅ローンの残高が１８００万円ある。純資産（金融資産で負債を返済して残る金額）はマイナス１０００万円。つまり、１０００万円の〝債務超過状態〟である。

財務諸表が読めるビジネスマンならご存じの通り、企業は債務超過でも「カネが回っている状態」ならすぐに破綻することはない。これを個人に置き換えると、「毎月給料が入ってくるうちはローン返済を続けていけるので、バランスシートが痛んでいてもＤさんの家計が破綻することはない」ということになる。

しかし、当面の家計は回っていくかもしれないが、このように健全性が損なわれた状態のままでいいはずがない。

50歳で住宅ローン残高が1800万円ということは、繰り上げ返済などの対策をしなければ、60歳の定年時に約1000万円の住宅ローンが残る計算になる。一方、退職金は手取りで約1800万円程度の見込み。ローンを完済すると、退職金は800万円しか残らない。60歳までに金融資産を増やすことができなかった場合、60歳時点の純資産は、今ある800万円とローン完済後の退職金の残り800万円を合わせて1600万円だ。これでは、老後資金として心もとないだろう。金融資産が増やせないどころか、これから子どもの教育費などで貯蓄を減らすことになれば、老後資金はさらに少なくなる。これは最悪のシナリオだ。

では、退職金は手元に残し、定年後もローン返済を続けるとどうなるだろうか。60歳以降は、再雇用で働き続けても収入は大幅にダウンする。急減した収入では返しきれず、「カネが回らない」状態になるおそれがあるだろう。何とか返済し続けていったとしても、その先は厳しい。住宅ローンが残ったまま65歳から年金生活に入れば、家計は大幅な赤字になることが目に見えている。

図20 定年時に住宅ローンがない理想的なケース

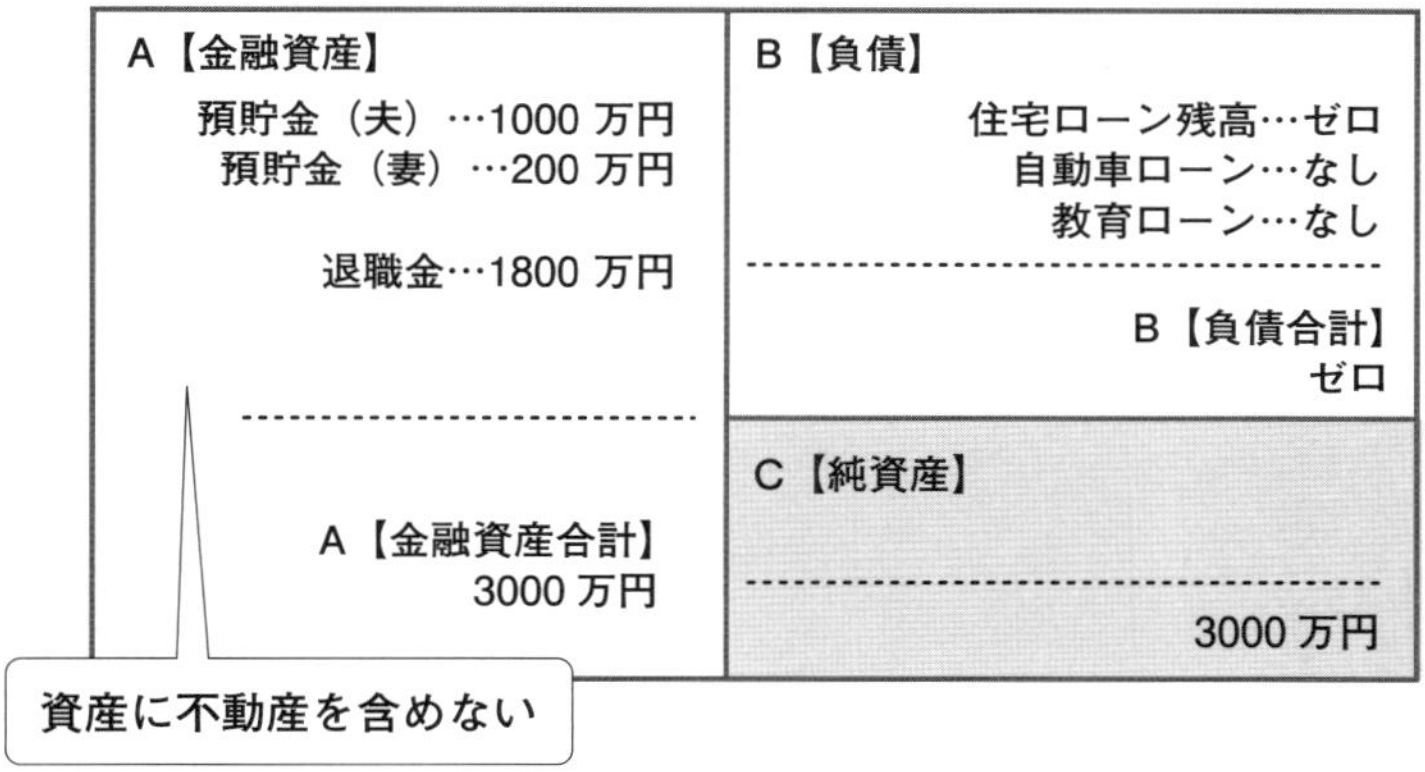

A【金融資産】
預貯金（夫）…1000万円
預貯金（妻）…200万円
退職金…1800万円
A【金融資産合計】
3000万円
B【負債】
住宅ローン残高…ゼロ
自動車ローン…なし
教育ローン…なし
B【負債合計】
ゼロ
C【純資産】
3000万円
資産に不動産を含めない

老後への準備として、バランスシートは収入がダウンする前に改善しておきたいところ。60歳時点の理想的なバランスシートが【図20】だ。住宅ローンは完済して負債はゼロ。「資産の部」はマイホームを除き、金融資産（退職金を含む）で2500万〜3000万円。このくらいのバランスの金額で「純資産＝金融資産」となるのが美しい。

理想的なバランスシートを目指すためのポイントは、「金融資産を増やしながら、負債を減らしていく」ことだ。

住宅ローンを繰り上げ返済して負債を減らしても、金融資産をどんどん減らしてしまっては、バランスシートの健全化は遠い。

たとえば、【図19】で今ある預貯金800万円を繰り上げ返済に充てると、ローン残高が８００万円減って負債は１０００万円になるが、純資産はマイナス１０００万円のままである。これでは痛んだバランスシートが圧縮されただけで、問題を解決したことにはならない。

バランスシートの改善は、「いまあるお金（資本の部の金融資産）」を使うのではなく、「新たに入ってくるお金（給料）」を有効に使い、必ず金融資産を増やしながら進めていくことが肝心だ。これは、60歳までの間は、老後資金を準備する大切な期間だからだ。60歳以降は働き続けても収入が大きく減るため、貯蓄を増やすのは難しくなる。ローンの繰り上げ返済ばかりしていると、確かに負債は減るが、金融資産が増えず老後に大きな不安を残すことになりかねない。「貯蓄、貯蓄、繰り上げ返済」くらいのペースで実行するといいだろう。

痛んだバランスシートは一朝一夕には改善できないが、退職後に負担を先送りしなくてすむように、60歳を迎える前に今から少しずつ取り組んでおこう。

60歳定年時に住宅ローンはどのくらい残っているのか？

図21 60歳以降は「収入ダウンの崖《がけ》」が２回ある！

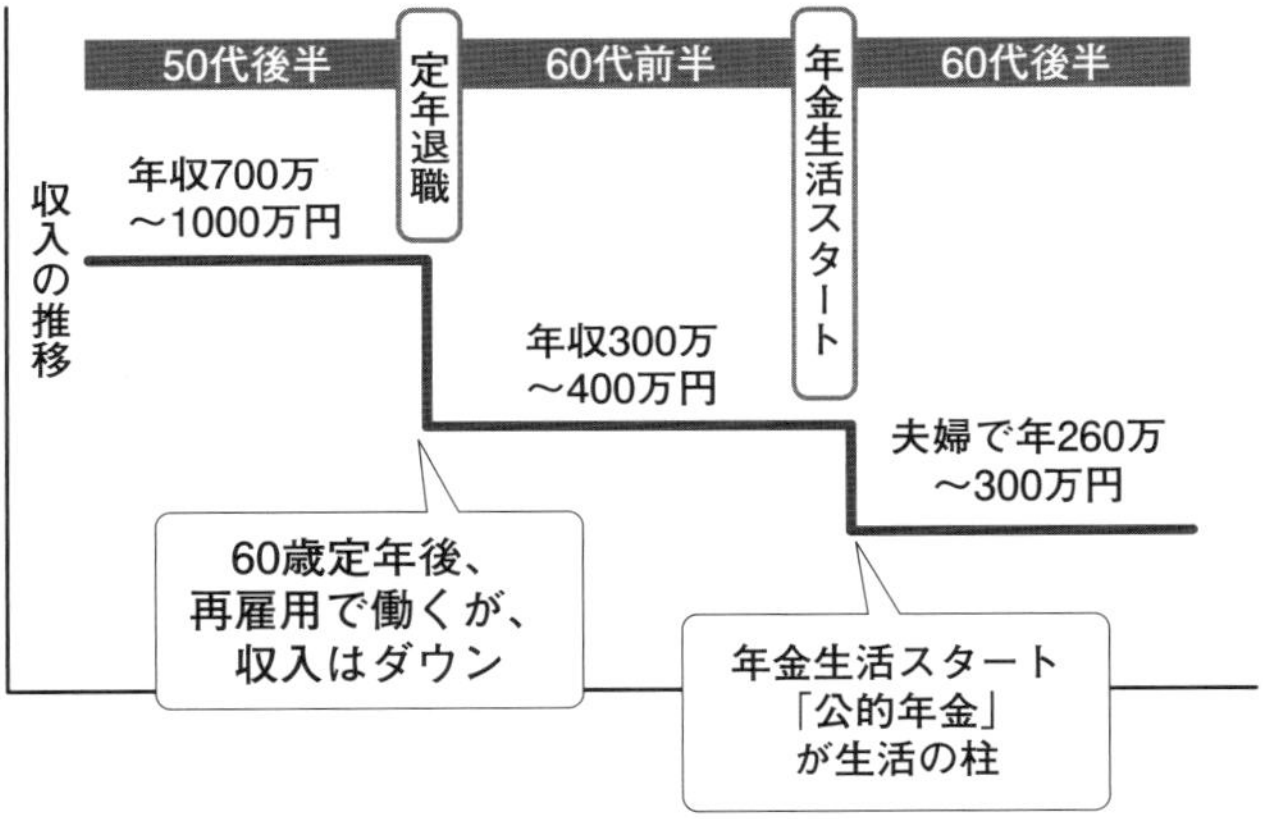

家計のバランスシート改善のため、カギになるのはやはり住宅ローンだ。定年退職までに住宅ローンを完済できず、60歳以降も毎月返済を続けていくのは、非常にリスクが高いことだと認識しよう。

【図21】は50代以降の収入推移のイメージ図だ。60歳まで７００万〜１０００万円の年収を稼ぐ高収入なサラリーマンであっても、定年退職後に再雇用で働いた場合は年収が３００万〜４００万円程度になるケースが多く、収入ダウンの大きな崖が生じる。

さらに、65歳で完全リタイアして年金生活に入ると、専業主婦家庭なら年金収入は夫婦の分を合わせて２６０万〜３００万円程度が目安となる。ここでもう一度、収入ダウンの崖があるわけだ。

60代前半の額面年収が３００万円だとすると、手取り額は約２５０万円。年に数回の季節要因の出費が年に30万円程度あるとすれば、毎月の生活費に回せるのは約18万円となる。60歳以降、月10万円のローン返済を続ければ、毎月の家計は確実に赤字だろう。実際、住宅ローンが残ったまま定年を迎え、60代前半に赤字家計に陥って老後資金を取り崩し始めるケースは少なくない。

本来、〝下流予備軍〟にならないようにするには、60代前半は収入がダウンしても「収支トントン」の生活を目指すことが必要だ。老後資金を取り崩していいのは、年金だけで生活し始める65歳以降。これを守らないと、長生きしたときに老後資金が足りなくなる可能性が高まるからだ。

定年後を「収支トントン」にするには、収入ダウンの崖を迎える前に住宅ローンを完済するようプランを立てることが必須と言える。どうしても完済できない場合もあるだろうが、60歳時の残高はどんなに多くても５００万円程度まで減らすよう頑張りたいところだ。

60歳完済プラン実現の可能性を探るには、まず60歳時の住宅ローンの残高を知らなければ始まらない。

全期間固定金利で借りている人は、住宅ローンの返済予定表に返済終了までの内訳がすべて記載されているので、60歳時残高を調べるのは容易だろう。

「変動金利型」や「一定期間固定金利型」で借りている人は、返済予定表には金利が固定されている期間分の返済予定しか記載されていないので、別途調べる必要がある。

調べる方法は２つある。一つは、銀行に「自分が60歳になる○年後のローン残高は概算でいくらになるのか試算してほしい」と頼む方法だ。銀行から「固定期間終了後の金利が決まっていないので試算できない」と言われる可能性はあるが、そのときは「固定期間終了の金利は、２・５％と３％で仮置きして２パターンを試算してくれないか」と丁寧に頼んでみるといい。金利は高めに試算しておくと安心だ。

もう一つは、60歳以降ローン完済年齢までの年数から、おおざっぱに自分で計算する方法だ。たとえば月10万円程度の返済額で70歳完済のローンなら、60〜70歳の10年間で返済額は１２００万円ほどになる（10万円×12カ月×10年）。ここから利息分を差し引くとすると、60歳時のローン残高はだいたい１０００万〜１１００万円ほどと見積もれるだろう。同様に、75歳完済のローンなら15年間の返済額は１８００万円（10万円×12カ月×15年）なので、60歳時にはだいたい１５００万円のローンが残ると予想できる。もちろん金利によっても計算結果は異なるが、目安を知るには有効な方法だ。

60歳時点で住宅ローン残高が１０００万円以上残る場合は「状況は良くない」と認識し、貯蓄を増やしながらローンを減らすための手を打つ必要がある。

60歳で１０００万円以上のローンが残っているときの対策は３つ

ローンを減らすための対策は、**おもに「繰り上げ返済」「ローンの借り換え」「金利交渉」の３つ**だ。

簡単なのは**「繰り上げ返済」**だ。これは毎回の返済のほかに先々の分を任意で返す方法で、繰り上げ返済した分は元金部分に充当されるため、そこにかかるはずだった利息の支払いがなくなるのが大きなメリットだ。

繰り上げ返済には、ローン残高が減った分だけ毎月の返済額を少なくする「返済額軽減型」と、毎月の返済額はそのままにする「期間短縮型」がある。返済額軽減型は目先のローン返済負担が軽くなるので魅力的に見えるかもしれないが、ここでは早期に完済して老後の安心を確保することが大切なので、選ぶべきは「期間短縮型」だ。

ただし先にも触れたように、繰り上げ返済はやみくもにやればいいというものでもない。**老後資金を作るため、貯蓄を増やしながらできる範囲にとどめること**を忘れないようにしよう。

「ローンの借り換え」は、今の借入先とは別の銀行でローンを借り入れ、元のローンを完済する方法。新たに借りるローンと元のローンの金利差が大きいほど利息軽減効果が高くなるので、住宅ローン金利が史上最低水準となっている昨今、多くの人にとって有効な見直し方法だ。

借り換えにはローン事務手数料、ローン保証料、登記費用など諸費用がかかるが、ローン残高が1000万円以上あり、「固定金利選択型または変動金利型で借りていて、借り換え先の10年固定金利型との差が1%以上の金利のローンを持っている人(2016年4月時点では、借りているローンの金利が1・8%以上の人)」なら、借り換え費用を差し引いて考えても利息軽減のメリットを得られる。

老後に負担を残さない借り換えのコツは「今の返済額をキープして期間を短縮すること」にある。元のローンで残っている返済期間をそのまま変えずに新しいローンに借り換えると、金利が下がる分だけ毎月の返済額が減るが、これでは完済年齢は変わらない。借り換えを検討する銀行に試算を頼むときは、「月々の返済額が元のローンと同じになるようにしてください」と言ってみよう。すると、金利が下がる分だけ返済期間が短くなり、完済年齢が60歳に近づくことになる。諸費用を考慮しても負担軽減効果があるかどうか確認するため、借り換え先候補の銀行では費用も計算してもらおう。

そして**「金利交渉」**とは、現在ローンを借りている銀行に「金利を割引してもらえないか」と交渉することを言う。たとえば10年くらい前にローンを借りた人の場合、当初の固定期間は大きな金利割引があったとしても、固定期間終了後の割引幅はずいぶんと縮小されているはずだ。そこで、「新規に借りる人と同じくらい割り引いてくれとまでは言わないが、今より割引幅を大きくしてもらえないものだろうか」と交渉するわけだ。

金利交渉は、ローン契約時に約束したことを変えてほしいとお願いすることなので〝禁断のウルトラC〟といえる。交渉が成功するかどうか、応じてくれたとしてもどの程度まで金利を割り引いてくれるかは、ケースバイケースだ。だが、交渉が成功すれば他行で借り換えをする際にかかる費用が不要で、手続きも簡単なのでメリットは大きい。

ローンの借り換えと金利交渉は、それぞれ一長一短がある次ページ【図22】。見直し後の使い勝手を考えると、新しくローンを組み直す「借り換え」のほうが、返済期間の短縮など自分の事情に合ったローンに組み換えやすい面もある。ここは手間を惜しまず両方を検討し、魅力的なほうを選ぶのが得策だろう。

銀行によっては、他行の借り換え試算表を見せて「ほかの銀行に乗り換える本気

図22 借り換え vs 金利交渉 どっちがおトク？

	借り換え	金利交渉
❶ コスト	× 借り換え費用は、数十万円かかる	◎ 原則、コストはかからない
❷ かかる手間	× 借り換え先の銀行に提出する書類を揃えたり、何度か銀行に足を運ばなくてはいけない	◎ 提出する書類もなく、あまり手間はかからない
❸ 金利	◎ 新規ローン並の金利が得られる	△ 借り換えで得られる金利までは低くならない仕組み
❹ 見直し後の使い勝手	◎ 借り換えをきっかけに金利や返済期間をミックスしたり、返済期間を短くしたりできる	△ 今の返済方法が続くので、借り換えのようにわが家に合った返済の仕方に見直しがしにくい

度」を示さないと金利交渉に応じてもらえないケースもあるので、まずは借り換え先の候補となる銀行で諸費用も含め試算をしてもらおう。その試算を持って、今の銀行で金利交渉を試みる。両方の金利や返済の利便性などをチェックし、総合的な判断で見直し方法を決めたい。

なお、金利交渉を試みるときは「最近、金利が下がっているので借り換えを検討したいが、今のローンのままでも金利がもう少し低くなることはないか」というように、マイルドに訊ねることを心がけよう。銀行は、建前としては金利交渉には応じていないことを忘れてはならない。また、間違っても「生活が厳しい」「収入が下がったから返済額を下げてほしい」などとは言わないこと。金利交渉に応じてもらえる可能性があるのは、これまで返済が順調で、今後も順調だと見込める人だけだからだ。泣き落としはまったく通用しないので、ネガティブなことを口にしてはならない。

繰り上げ返済と借り換え、どちらがトク？実際のケースから検討すると？

実際に住宅ローンをどのように見直せばよいのか、老後に向けて少し厳しい状況にあるケースで見てみよう。

Eさんは現在53歳で、住宅ローンが1500万円残っている。金融資産は、Eさん名義の預貯金が300万円、妻名義の預貯金が200万円。このほか、これから必要となる子どもの教育費として貯めたお金が300万円ある。Eさんの家計のバランスシートが【図23】だ。

現在、ローン返済額は年110万円。60歳までは年100万円ずつ貯蓄を積み上げていける見込みだ。だが銀行に試算してもらったところ、このままだと60歳時に1000万円もローンが残ってしまうことがわかった。

見直し方法としてまず頭に浮かぶのは、繰り上げ返済だろう。子どもの教育費のように「手元にはあるが、すぐなくなることがわかっている、使い道が確定したお金」は、金融資産にカウントすべきではない。Eさんの場合、教育費の300万円を含めずに見直しプランを立てるのがいい。

また、夫婦の貯蓄が500万円あると考えれば、少しはローン返済に回してもいいように思えるかもしれないが、このお金さらに残る金は何かあったときのために手元に置いておくべき金額であり、繰り上げ返済に回してしまうのは危険だろう。

では、ローンの借り換えはどうか。

Eさんのように1500万円とローン残高が大きい場合、思い切って借り換えをす

図23 金融資産残高より、ローン残高のほうが多いＢさんのケース

1）現在のバランスシート

記入時年齢（夫 53 歳・妻 50 歳）

60 歳まで
あと７年！

A【金融資産】	B【負債】
預貯金（夫） …300 万円 預貯金（妻） …200 万円	住宅ローン残高…1500 万円 自動車ローン なし 教育ローン なし キャッシング なし
A【金融資産合計】 500 万円	B【負債合計】 1500 万円
（子どもの教育費…300 万円 ＊金融資産に含まずに プランを立てる）	C【金融資産で借金を返すと残る金額】 A－B＝▲1000 万円

2）現在のローン返済額（年間）

110 万円

3）家計見直し後の年間貯蓄額

100 万円

定年までに700万円貯まる

4）60 歳時（７年後）の住宅ローン残高（銀行で試算）

1000 万円

るのがいい。
このまま返済を続けると70歳までローンが続くことになるが、マイナス金利導入後の今、返済期間を短くして借り換えすれば、超低金利の恩恵に加え、老後のローン返済軽減のメリットも受けることができる。

【現在のローン】
- 金利は全期間固定2・2％、残りの返済期間17年（完済70歳）
- 毎月返済額は約9万2000円
- 60歳時残高は約1000万円

【借り換え後のローン】
- 10年固定の0・8％、返済期間12年（完済65歳）
- 毎月返済額約11万円
- 60歳時残高は約650万円

【借り換えの効果】
- 完済年齢が70歳から65歳まで5年間早まる
- 今後の総返済額は、借り換え前が1881万円、借り換え後は1578万円（11年

目以降の金利は2・5％で仮置き）、差額303万円の利息軽減

コツは、返済額を減らさずに、少し増やして借り換えること。こうすると金利が下がる分、返済期間を短縮することができる。70歳まで続くはずだったローンを65歳まで短くできるのは大きなメリットだ。

借り換え後の60歳時残高は約650万円なので、今から定年までに貯まる700万円を使って60歳のときに繰り上げ返済すると、さらに利息軽減効果は高まる。

60歳以降の収入が思ったより良かったら、650万円の半分だけ「返済額軽減型」で繰り上げ返済をし、5万円強のローン返済を65歳まで返済する方法をとってもいいだろう。

家計を圧迫する教育費。子どもの中学受験…トータルで1人1000万円超

40代は、多くの人が子どもの中学受験や高校受験で頭を悩ませる時期だろう。老後

貧乏を防ぐという観点で言えば、子どもの進学先については慎重に検討することを勧めたい。

近年、特に都心部では、子どもを中学校から私立に進ませるケースが多い。だが、私立はお金がかかることが周知の事実であるにもかかわらず、実際にどのくらいお金がかかるのかをきちんと調べている親は意外に少ないのが現状だ。「事前に学費を調べた」という人でも、毎年学費を払い続けながら貯蓄ができるかどうか、シミュレーションしている人はごく少数に留まる。

一体、子どもの学費はどのくらいのお金がかかるのか？　私立と公立それぞれの費用を見てみよう。

【図24】は、文部科学省「子供の学習費調査（２０１４年度）」のデータから中学３年間と高校３年間にかかる教育費の合計額をまとめたものだ。公立中学だと教育費は年間40万〜57万円だが、私立中学だと年間１２０万円程度。私立の中学入学年では入学金などの費用がかかるため、１６０万円以上の出費となる。

つまり私立中学に進学すると、入学金等は別として、だいたい子ども1人に月10万

図24 中高６年間で、私立は公立の 2.5 倍以上！

	私立校	公立校
中学入学年	162万円	46万円
中学２年	115万円	40万円
中学３年	124万円	57万円
中学３年間合計	401万円	143万円
高校入学年	117万円	48万円
高校２年	93万円	39万円
高校３年	85万円	34万円
高校３年間合計	295万円	121万円
中学～高校６年間の合計	696万円	264万円

※出所：文部科学省「子供の学習費調査（2014 年度）」より。（金額は万円未満切り捨て）
上記は、学校教育費、学校給食費、学校外活動費の合計額

円かかるわけだ。子ども２人を私立中学に通わせれば負担は月20万円にもなる。

私立中学に進学すれば、ほぼ確実に高校も私立に進むと想定しなくてはならない。中学から高校までの６年間の費用の合計額を見ると、公立校なら約２６０万円だが、私立校は約７００万円。なんと公立校の２・５倍以上にのぼるのだ。

子どもの私立中学受験の準備を考えている段階なら、今後かなりの学習塾代がかかることも覚悟しなくてはならない。私立中学を目指す小学生は、ほとんどが小学４、５年生から学習塾通いをするからだ。小４～小６の３年間で、費用は３

00万円程度が目安となる。さらに受験シーズンを迎えれば、1校あたり2万円以上の受験料もかかる。

小学4年生からの学習塾代が約300万円、中学と高校で私立に通った場合の教育費が約700万円ということは、**私立コースだと大学進学前に軽く1000万円かかる計算だ。**

さらに子どもが2人以上の場合、1人だけ私立というわけにいかず、たいてい「上の子にならえ」となる。子どもが2人いれば2000万円、3人なら3000万円の出費を覚悟しなくてはならない。

おそらく多くの人は、私立中学への進学に対し、これほど経済的負担が重いものだというイメージがないのだろう。

周囲の同僚から「子どもが私立中学に受かった」などという話をたくさん聞けば「みんな私立に行かせているんだからお金のことは何とかなるはずだ」と安易に考えてしまうのかもしれない。また、自分自身が私立中学に通った人は「子どもにも自分と同じようにのびのびした環境で学んでほしい」と私立への進学を望む傾向があるようだ。

しかし、今の40代が中学生だった時代と比べ、今の教育費は確実に高くなっている。「自分が行ったのだから、我が子も」と考えるのは危険だ。また、同僚が子どもを私立に通わせているのも、祖父母から援助があってのことかもしれないし、実は家計が火の車ということもありうると考えなくてはならない。

いずれにしても、私立中学への進学を根拠もなく「何とかなるだろう」と決めるのはご法度だ。希望する中学に進学できた場合にどれくらいの費用がかかるのかを詳しく調べ、家計の状態をふまえてどうすべきかを考えたい。

ポイントは、「毎年1人100万円以上の教育費を負担しながら貯蓄ができるかどうか」だ。子どもの大学進学資金や自分たちの老後資金を作っていくことを考えれば、貯蓄が増やせないほど収支の悪化を招くことは絶対に避けなくてはならない。もちろん、子どもが2人以上いるなら「全員が私立に通った場合でも貯蓄を増やし続けられるか」も検討する必要がある。

もし「今のまま子どもが私立に進学するとお金が貯められなくなる」ということがわかったら、公立中学に進ませるか、家計を見直すかを選択することになる。どうしても私立に進学させたいなら、家計の収支を改善するしかない。

速効性のある収入アップの方法は、専業主婦世帯なら「妻が働きに出て収入を得ること」だ。ただし注意が必要なのは、「子どもが私立中学に合格したら私も働く」という妻の言葉だ。「〇〇したら働く」という約束は、空手形で終わることが多いもの。「私も働く」というなら、すぐに働いてもらおう。そのほうが、家計の改善もよりスピーディーに進む。そして生活費の見直しに家族全員で取り組み、支出を削減する。

こうした「収入アップ」と「支出削減」もせず、家計改善の目処が立たないまま「何とかなるだろう」と考えて子どもを私立コースのレールに乗せることは絶対にやめよう。ここで判断を誤れば、「下流予備軍」まっしぐらになることを頭に入れておきたい。

大学進学で教育ローンや奨学金を安易に使わない

通常、子どもの教育費が大きく膨らむのは、大学進学時だ。大学が遠方で子どもが1人暮らしするとなるとさらに費用はかさむ。

子どもの大学進学にあたっては、老後に負担を残さないよう、細心の注意を払って「資金繰り」のプランを立てておくことが肝要だ。次の３つのステップで進めよう。

①１年ごとの支出予定額を書き出す。

- 大学受験費用

（受験料に加え、遠隔地受験の場合は交通費や宿泊費など）

- 大学入学初年度の費用

（入学金のほか、授業料、施設設備費、交通費、遠方の場合は住居費や生活費の仕送りなど）

・大学2～4年目

(授業料、施設設備費、遠方の場合は住居費や生活費の仕送りなど)

②学資保険などで学費として準備している資金があるなら、①で書き出した支出をどこまでカバーできるのかを確認する。

③②で足りない分は、ボーナスでカバーできるかどうかをチェックする。不足する場合は毎月の収入からいくら充当すればいいのかを計算してみる。

このような「資金繰りシミュレーション」の手順を踏まず、「金利が低いからとりあえず借りておこう」と安易に教育ローンや奨学金を利用するのはNGだ。どうしても借りなければ間に合わない場合は、「多めに借りる」のではなく、資金繰りシミュレーションに基づいて「必要最低限の金額を借りる」ことを心がけよう。

教育ローンを利用せざるを得ない場合は、必ず金利の低いものから検討する。一般的には、日本政策金融公庫の「教育一般貸付（国の教育ローン）」が最も金利が低い。

ちなみに2016年4月1日時点で、固定金利で2・05％だ。住宅ローンの金利を見慣れている人は「ずいぶん金利が高いな」と感じるかもしれないが、住宅ローンは有担保型のうえ、金融機関の間で獲得競争が盛んなため、金利水準が低くなっているからだ。固定金利で無担保の金利水準としては、2・05％は高くない。

銀行にも教育ローンがある。金利水準は各行それぞれだが、「無担保・変動金利」が一般的で、2％後半としているところが多い。中には「住宅ローン返済者向け金利優遇」を行っている銀行もあるので、金利を確認して「国の教育ローン」と比較検討しよう。

教育ローンは、原則として「親が借りて親が返す」借金である。100万円借りて10年返済にすると毎月返済額は1万円弱なので、「これくらいなら無理なく返せるだろう」と安易に考えがちだが、借りるかどうかは慎重に判断してほしい。10年後、あなたは何歳になっているだろうか？　「60歳で定年退職する時点で住宅ローンと教育ローンのどちらも残っていた」ということになれば、目も当てられない。

奨学金の利用についても、よく考えて慎重に判断しなければならない。

現在、大学生の約半数が日本学生支援機構（旧日本育英会）の奨学金を利用しているが、奨学金といえども、返済義務のある貸与型なら立派な「借金」だ。

奨学金は、教育ローンとは異なり、「子どもが借りて子どもが返す」のが原則。まずは卒業後に自分で返済していかなくてはならないことを、親子できちんと話し合うことが必要だ。

たとえば、日本学生支援機構の奨学金（貸与型）を大学入学時に50万円、その後も仕送り代わりに月10万円を４年間借りると、総額は５３０万円になる。卒業後20年間で返済する場合、返済額は毎月２万３０００円ほどになる。

高校生には、この金額がどれくらいの負担になるのか想像するのは難しいかもしれない。しかし、ここで親子一緒に具体的な生活をイメージしてみることが大切だ。

大卒の初任給を20万円前後として、税金や社会保険料が差し引かれると、手取り額は17万円程度になる。そこから家賃や光熱費、通信費、食費、交際費と支出額を積み上げてみてほしい。ちょっと計算すれば、毎月２万３０００円を返済し続けるのが簡単ではないことがわかるはずだ。何とか返済はできても、将来に向けた貯蓄ができなくなる可能性がある。

子どもが奨学金を返済できなくなったら、どうなるだろうか。私のもとへ来る相談者の中には、「子どもが返済できなくなったので、肩代わりしている」という人もいる。奨学金の借入額は、子ども1人で200万〜300万円、2人いれば400万〜600万円ほどになっているケースが少なくない。この返済を親が背負えば、当然、老後の家計に大きな影響を与えることになる。

ローンの返済については、国の教育ローンは日本政策金融公庫、奨学金なら日本学生支援機構のウェブサイトでシミュレーションができる。借りる前に「借りたらどうなるか」をよく調べ、親子で話し合うことが大切だ。

もう一つ、慎重に判断したいのが、子どもの留学や大学院進学。

子どもが大学を卒業した後は、本来なら教育費負担がなくなって老後資金の準備にスパートをかけられる時期だ。ここで「予定外に教育費がかかり続ける」事態になると、老後の準備が間に合わなくなるおそれがある。

子どもが留学や大学院進学を希望したら、できるだけのことはしたいと思うのが親心だろう。だが、子どもにかけたお金の分だけ、老後資金は確実に減っていくことを忘れてはならない。希望する進路のために必要な勉強をするというならまだしも、「就職先が決まらないから1年留学したい」「納得のいく内定がもらえなかったから、大学院に進学して就活をやり直したい」などと言われて黙ってお金を出すのでは、親にとっても子どもにとっても不幸な結果を招きかねない。

子どもが留学や大学院進学を口にしたら、まずは**子ども自身に費用がどれくらいかかるのかを調べさせ、就職せずに学費をかけ続ける意味があるのかを考えさせたい。**

お金を出すことにした場合は「就職したら給料から返す」と約束させたいところ。こうすれば、子どもも「いずれきちんと働かなくては」という意識を持たざるをえないだろう。

家計改善に効果大！妻が働くときに知っておきたい「パートの壁」の誤解

専業主婦家庭の場合、妻が働くことで家計は大きく改善できる。老後の準備に少しでも不安があるなら、妻が働くことを前向きに検討したほうがいい。

たとえば妻が年80万～90万円の収入を得たとしよう。これをまるまる貯蓄に回せば、10年で８００万～９００万円になる。**40代後半から60歳まで10年ちょっと働けば、老後資金に１０００万円の差がつくわけだ。**この家計改善効果を活かさない手はない。

妻が働くとなれば、〝扶養の範囲〟で働きたいと思う人が多いだろう。実は〝扶養の範囲〟には「税務上」、「社会保険上」、「扶養手当」の３つの「壁」があり、それぞれ金額が異なる。ここでは、「働きゾン」にならないために知っておくべきポイントを見ていこう。

いわゆる「１０３万円の壁」は、税務上の扶養のボーダーだ。妻のパート収入がこの金額以下であれば、妻に所得税はかからないし、夫は自分の収入に対し配偶者控除を受けることができる。このため、多くの人が「パート主婦は１０３万円を超えて働くのはソンだ」と思っているのだが、その認識は間違っている。

【１１５ページ図25】は妻の収入の増加にともなって世帯の手取り収入がどう変化す

るのかを筆者が試算したものだ。夫は額面年収800万円の会社員とし、妻はパートで働くことを前提としている。

妻の収入の増加にともない、世帯の手取り収入は少しずつ増えていくが、ある時点でガクンと減ることがわかる。この「ある時点」を103万円だと思っている人が多いのだが、グラフからわかるように、103万円を超えて働いても世帯手取りは減少しない。実際のところ、「103万円の壁」は存在しないと言っていい。

これは、妻の収入が103万円を超えて夫の配偶者控除がストップしても、段階的に「配偶者特別控除」を受けることができるためだ。配偶者特別控除は、世帯手取り収入が急に減らないようソフトランディングさせる措置だと言える。なお、配偶者特別控除を受けることができるのは所得1000万円以下の人で、給与収入だと約1230万円以下が目安となる。

パート主婦が注意しなくてはいけないのは、社会保険上の「130万円の壁」である。

会社員や公務員の妻は、年収が130万円未満なら夫の社会保険の被扶養者になれ

図25 世帯の手取り収入の推移　本当の壁は130万円！

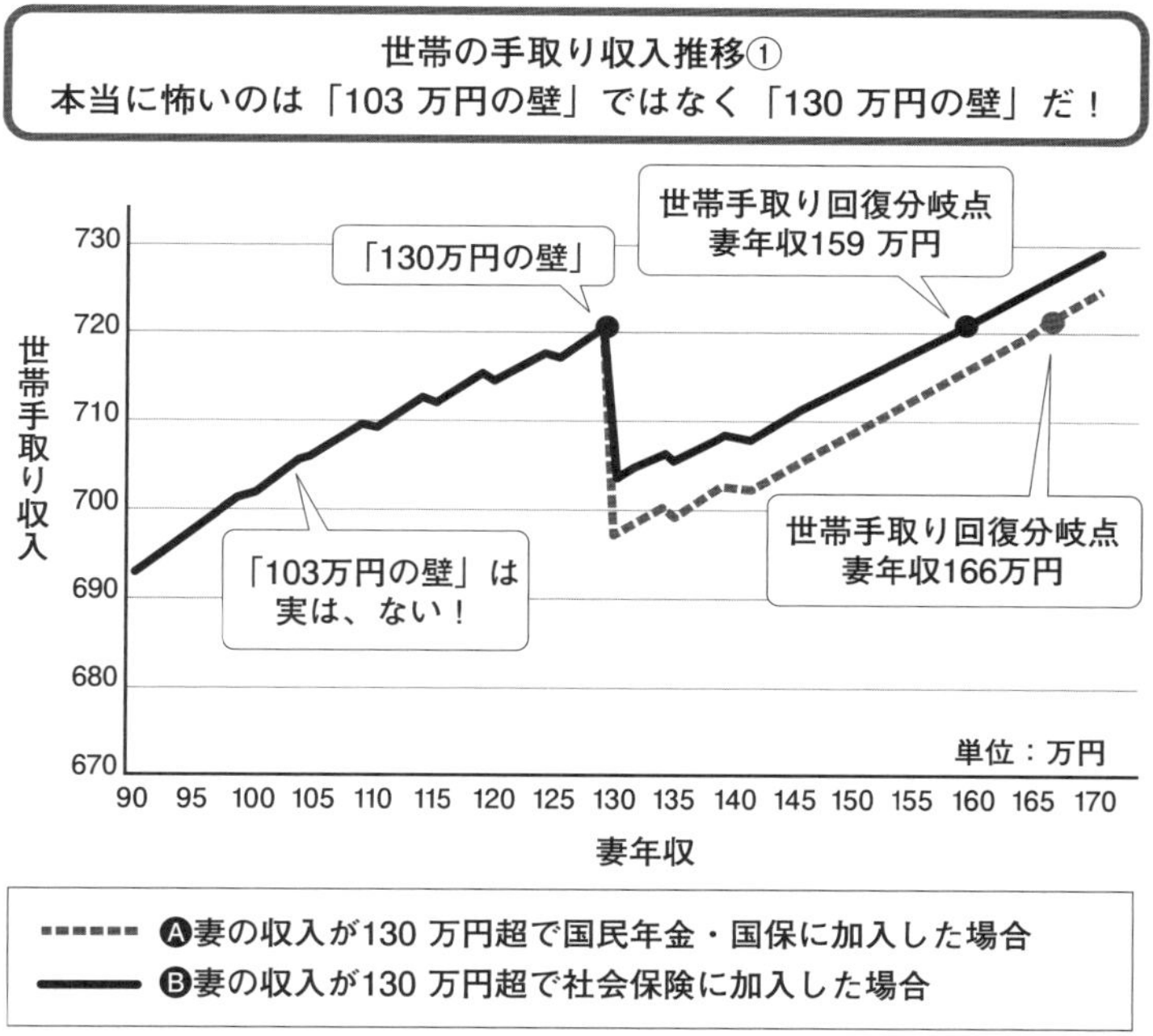

※夫婦ともに40歳以上、東京23区在住、夫は額面年収800万円（子どもは中学生以下）の会社員。Ⓐの妻の国民健康保険料は大田区の例。（図25～27はいずれも筆者試算）

る。その場合、妻は自分で年金や健康保険の保険料を納める必要はない。ところが年収130万円以上になると、夫の社会保険の扶養から外れ、妻自身が年金や健康保険の保険料を負担することになる。

【前ページ図25】では「(A)妻収入が130万円超で国民年金と国民健康保険に加入した場合」と「(B)妻収入が130万円超で職場の社会保険に加入した場合」を比較した。

国民年金、国民健康保険、介護保険の保険料を合計すると、たとえば年収130万円のケースでは年間約27万円になる(国保と介護の保険料は東京都大田区の例。自治体によって異なる)。一方、妻が職場の社会保険に加入した場合、本人負担は年間約20万円だ。いずれも収入に対して少なくない負担となるが、社会保険のほうは保険料が少ないうえに、事業主が同じ額を負担しているので「割がいい」と言える。

グラフからは、妻の収入が130万円を超えてから「世帯手取り回復分岐点」の年収(この場合は159万~166万円)までの間、「収入が増えても世帯の手取りが減る」ことがわかる。

図26 夫の勤務先の「扶養手当」を考慮に入れた場合

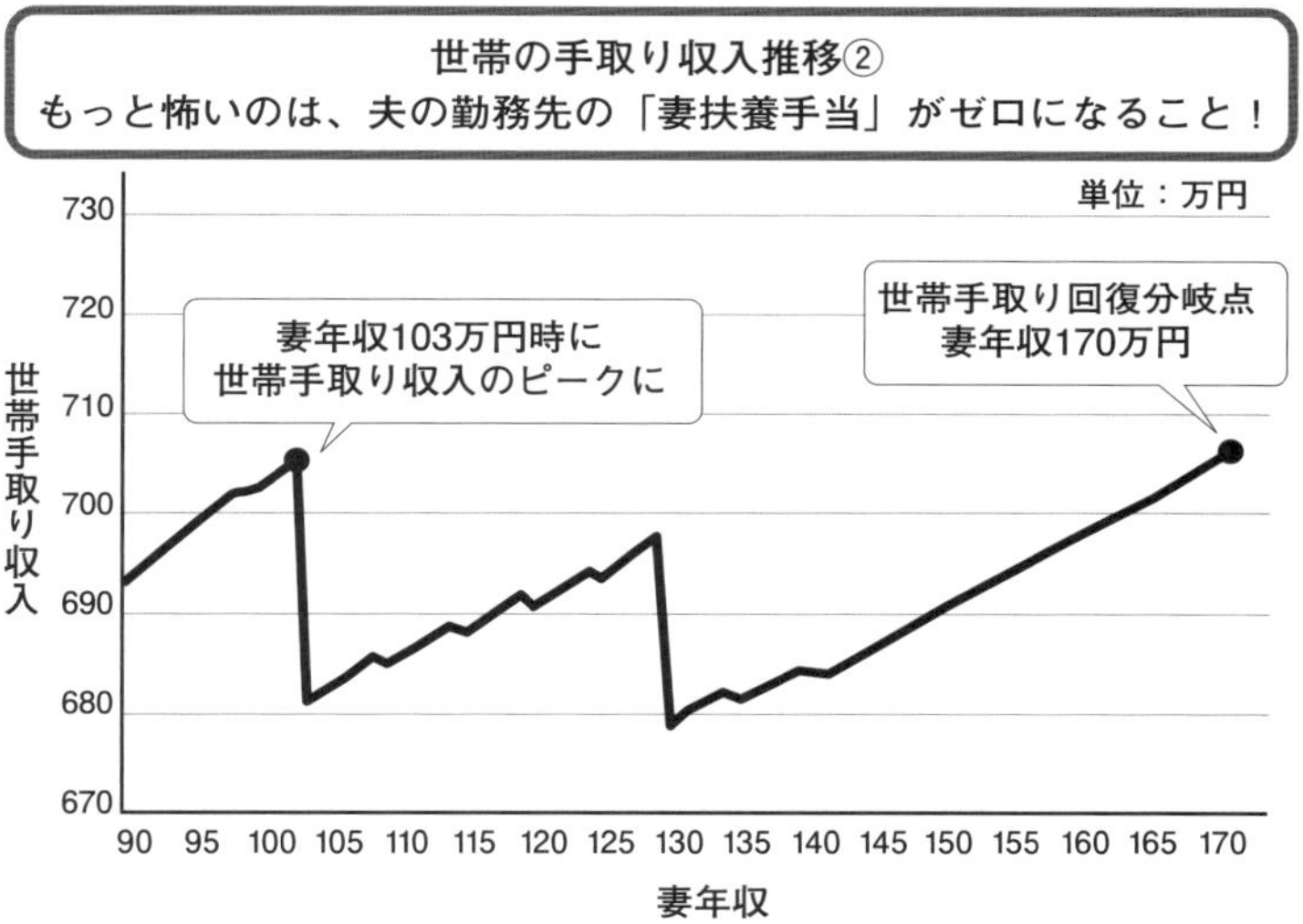

※家族構成等は【図 25】①と同じ。「妻扶養手当」月２万円、支給要件は「妻の年収 103 万円以下」の場合の試算例。妻は 130 万円超えると社会保険加入

では夫の勤務先の扶養手当を考慮に入れるとどうなるだろう。

多くの企業では、一定の収入以下の配偶者がいる社員に対し、月１万～２万円の「扶養手当（家族手当、配偶者手当とも言う）」を支給している。配偶者の収入基準は企業によって異なり、「年収１００万円以下」「１０３万円以下」「１３０万円以下」などとしているところが多い。

妻が扶養手当ての対象となる年収要件を１０３万円以下、

図27 「扶養控除」がゼロになった場合の世帯の手取り年収

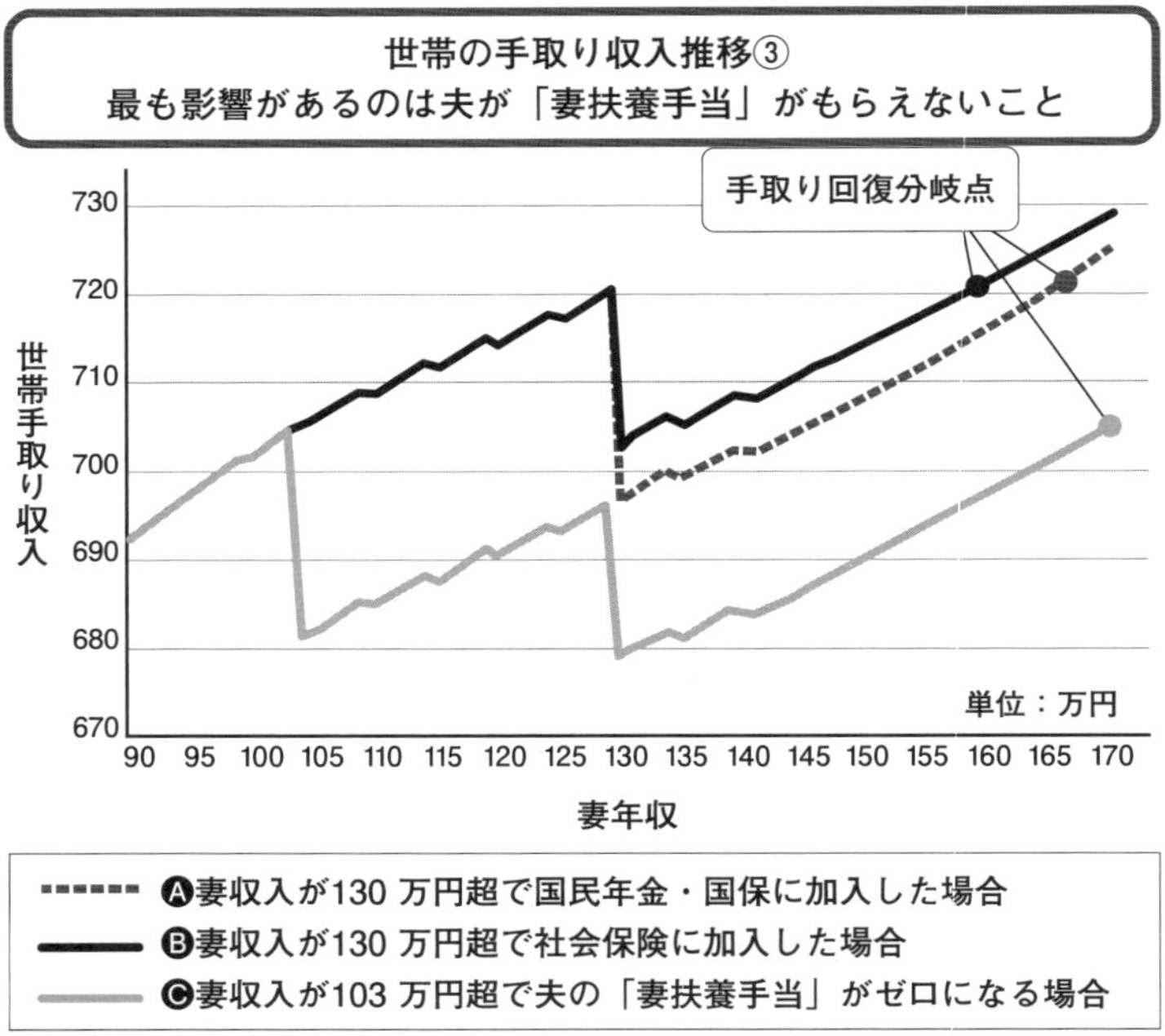

扶養手当の額を月2万円として試算したのが前ページの【図26】だ。グラフからわかるように、世帯手取り年収は妻の年収が103万円のときにいったんピークを迎え、103万円を超えて扶養手当がもらえなくなったとたんに約24万円も減少する。さらに「130万円の壁」でもう一度ガクンと減少。「世帯手取り回復分岐点」は妻の年収170万円だ。つまり、年

収103万円～169万円の間は「働きゾン」になるのである。

3つの試算結果をまとめたのが右の【図27】だ。

世帯手取り収入が減少し始めてから「回復分岐点」までの年収の幅は、「Ⓒ妻扶養手当ゼロ」が最も長く、次に「Ⓐ130万円の壁を越えたら国民年金、国民健康保険に加入」、短いのは「Ⓑ130万円の壁を超したら社会保険加入」という結果になった。これらの試算結果からは、現状ではパート主婦は「夫の会社から妻扶養手当をもらえる範囲内」、かつ「130万円の壁を超えずに働く」のがトクだと言える。

もっとも、国は女性の労働力向上を目指しており、今後は制度変更が続く可能性がある。収入を抑えることが必ずしも得策とは言えなくなるかもしれないことも、覚えておこう。

たとえば2016年10月からは、年収106万円以上で「週20時間以上勤務」「雇用期間1年以上」「被保険者数が501人以上の企業で働いている」といった要件を満たすパートタイマーは、社会保険に加入することになった。

また、すぐに実現するとは考えにくいものの、仮に配偶者控除と配偶者特別控除が同時に廃止になれば「税務上の扶養の壁」はなくなる。

前後して、社会保険の第3号被保険者の縮小・廃止が議論の俎上に上るだろう。国としては、社会保険料を払ってくれる人が増えるのは大歓迎のはずだから、「社会保険の扶養の壁」が現在の130万円から100万円以下になる可能性は、決して小さくない。

また、将来的に配偶者控除が廃止になれば、そのタイミングで「妻の扶養手当」をなくす企業が出てくるかもしれない。国が「収入が少ない妻を守る制度が手厚いと、女性の労働力向上が進まない」という理由で配偶者控除を廃止するなら、その流れに便乗して福利厚生費削減を目論む企業が出てきても不思議ではない。

結局、長期的にはどんな働き方がトクなのか?

大切なのは、「少し先の状況」を予測し、そのうえでこれからの働き方を考えることだろう。妻がパートで働くなら、今後の制度改正を踏まえ、社会保険に加入できそうな勤務先を選びたい。もしも社会保険扶養の壁が130万円から100万円になったら、「扶養に入るためだから」といって、収入を100万円にまで抑えて働くのはもったいない話だ。それなら、社会保険に加入できる勤務先で少しずつ働く時間を増やし、収入をアップしていったほうがいい。

年間の貯金はいくらできている？ 共働きがおちいるワナ

共働きの場合、収入の担い手が1人のいわゆる「片働き」と比べて世帯の収入が多いので、〝下流予備軍〟とはあまり縁がないように思う人もいるだろう。

だが、共働きだからといって老後の準備ができているとは限らない。私は共働き夫婦の家計相談を受けることも多いが、「収入に応じてしっかりお金を貯められている共働き」は意外に少ないものなのだ。お互いに「相手が貯めているだろう」と思い込んでいて、蓋を開けてみたらほとんど貯蓄がなかった、というケースさえある。

実は、**共働きには「共働きだからこそ」のお金が貯まらない理由がある。**個別事情はあるが、おもなポイントはおおむね次の3つだ。

①生活にかかるお金を夫婦で分担し、残りのお金はそれぞれ自由に使っている
②「自分のお金の使い道を相手に干渉されたくない」と考え、夫婦でお金の話をしない
③「夫婦それぞれが毎月いくら貯める」といった貯蓄の目標がない

キーワードは、「内緒」と「不干渉」だ。

自分のお金は、自由に使えたほうが気がラクなもの。それぞれが生活費をそれなりに負担しているなら、お互いに干渉する必要性は感じにくい。お金のことをあえて話し合わない共働き夫婦が少なくないのは、不思議なことではない。

夫婦間のチェックの目がなければ、自分に甘くなってお金を使いすぎることもあるだろう。お互いがいくら貯めているかといった話さえせず、大切なお金のことが「内緒」になってしまえば、家計全体での計画的な貯蓄が進むはずがない。

いざ老後を迎えるタイミングでお互いに「貯めていなかったのか」と言い合っても、後の祭りだ。もし「内緒」や「不干渉」があるなら、これを機に改善に取り組もう。家計の情報公開を進め、お互いにチェック機能を働かせるのだ。

もっとも、長年にわたりお互いが自由にやってきた共働き夫婦の場合、急に「お金のことは全部オープンにする」というのはハードルが高いかもしれない。その場合は、次の2つだけ取り組めばよい。

1つめは、家族の生活費を洗い出し、分担額を見直すことだ。生活にかかるお金は、子どもの成長などによって内訳が変化するもの。ずいぶん前に決めた分担額のままだと、どちらか一方の負担が増えている可能性が高い。

特に子どもの教育費は、年齢が上がるに従って増える傾向にあるので注意が必要だ。共働き家庭では、塾や習い事など学校外の教育費は妻が担当していることが多い。教育費の負担がじわじわと増え続けているのに分担が昔のままだと、妻は口に出さずとも不満を抱えているはずだ。何かのきっかけで不満が爆発して大げんかになる前に、分担額の見直しに着手しよう。まずは支出の分担を適正なバランスにすることが、夫婦で貯蓄を増やしていくための地ならしとなる。

２つめは、夫婦それぞれが毎月の積立額を決めてその情報を共有することだ。加えて、ボーナスからの積立額も大まかに設定しよう。すると、年間の目標貯蓄額が決まる。あとは年に2回くらい、夫婦で「ちゃんと貯まっているかどうかチェック」をすればいい。できればそのときに、それぞれの金融資産額も報告し合おう。

夫婦共働きの場合、口座管理についてもいくつか押さえておきたいポイントがある。

気をつけたいのは、夫婦それぞれの口座のほかに「夫婦の生活費口座」があるケースだ。「きちんとお金を貯めたい」と考えるフルタイムの共働き夫婦によく見られるパターンといえるが、うまく機能せずにムダが発生しているケースが多い。

これは、生活費は毎月変動するものだからだ。引き落としの際に残高不足になるのを避けるためには、「夫婦の生活費口座」にはそれぞれの分担額よりも多めに入金しておくことになる。すると口座には、多めに入金した分だけちょっとした金額のお金が貯まっていく。これが貯蓄に回ればいいが、実際は「生活費に少し余裕が出た」ということになり、数カ月に一度おろしては外食費などに充てて使ってしまう。

これは、家計の決算をしたときに「使途不明金」に分類される性質のお金だ。「夫婦の口座」で生活費を管理しているがゆえに使途不明金というムダを発生させてしまうのは、もったいない。

「夫婦の生活費口座」で生活費を管理する場合、「多めに入金して、後でおろして使う」ことはNGとしよう。残高不足を避けるには、最初に30万円ほど入れておけばよい。その後はそれぞれが分担した一定額を毎月、入金する。あとは30万円を「残高ゼロ」と見なし、残高が30万円を下回らないように支出状況をチェックすれば、使い過ぎを防ぐことができる。

夫婦の貯金をどちらかの口座に貯める「片寄せ貯蓄」はキケン！

もう一つ気をつけたいのは、「夫婦の貯蓄」だ。

共働き夫婦の場合、貯蓄はそれぞれが自分の名義で貯めるのが原則だ。銀行口座の名義は1口座につき1人で、夫婦連名で作ることはできないので、「夫婦の貯蓄」は仕組み上ないものと考えなくてはならない。

ところが実際には、「夫婦の口座」でお金を貯めている共働き夫婦が少なくない。よくあるのは、夫か妻のいずれかの名義の口座を「夫婦の口座」とし、2人とも貯蓄をその口座に入れてしまうパターンだ。また、夫の収入を生活費にあて、妻の収入はほとんどを貯蓄に回しているケースも多い。この場合、妻名義の口座にあるお金が、夫婦間の認識では「夫婦の貯蓄」になるわけだ。


だが、このように夫婦いずれか一方の口座に片寄せして貯める方法は、弊害が発生するのでやめたほうがいい。夫婦2人の間では「夫婦の貯蓄」と考えていても、外形的には口座名義人のお金ということになるからだ。

たとえば、子どもがいない夫婦で「結婚してから貯めた『夫婦のお金』は2000万円で、全額が夫名義の銀行口座にある」という場合、口座の名義人が死亡すると少々やっかいだ。このケースでは、相続人は配偶者と親である（配偶者3分の2、親3分の1）。夫が死亡すると、2000万円の預金は夫の両親にも相続権がある。妻は「2000万円は2人で貯めたお金だから、1000万円は私のもの。相続の対象になるのは夫の分の1000万円のはず」と思うだろうが、夫の両親はそう見ないかもしれない。息子名義の口座にあるなら、2000万円は息子が働いて貯めたお金と見るのが自然だからだ。

夫の両親が「私たちは息子のお金を当てにして生活していたわけでないので、このお金は要りません」と権利を放棄してくれれば何の問題もないが、放棄してくれる親ばかりとは限らない。日頃からの関係が良好でないと、もめる可能性もある。

では、すでに「夫婦のお金」をいずれか一方の預金口座に片寄せしている場合はどうするといいのか？ これは、実態に合わせて口座を分けておいたほうが何かと安心だ。

たとえば夫の年収が700万円、妻の年収が350万円の共働き夫婦が、結婚してから2人で貯めたお金が妻名義の口座に1200万円あるとしよう。この場合、夫と妻の年収は2対1なので、1200万円のうちの3分の2にあたる800万円が夫のお金、3分の1にあたる400万円は妻のお金と考え、800万円を妻名義の口座から夫名義の口座に振り込んで実態に合わせればよい。

「それは妻から夫への贈与とみなされるのでは？」と思ったかもしれないが、その心配はない。仮に税務署に聞かれることがあったら、「これまで間違えて妻名義に片寄せして貯めてきたので、実態に合わせるために修正した」と説明すればいい。軌道修正がすんだら、その後は「夫婦それぞれの口座」で貯蓄をしていこう。

ちなみに妻が専業主婦の場合、妻名義口座で貯めたお金は「家族のお金」ではなく「夫のお金」なので、妻名義口座から夫名義の口座に全額振り込むことで実態に合わせられる。これには異論がある人もいるかもしれないが、収入のない人の口座でお金を貯めていると、それこそ税務署は「夫から妻への贈与」とみるだろう。税務上は、「自分で働いたお金は自分の名義で貯める」のが原則。離婚の際の財産分与とは、考え方が異なることを知っておきたい。

第4章

お金の知識がないとだまされる！“下流予備軍”の原因となる「保険」と「投資」

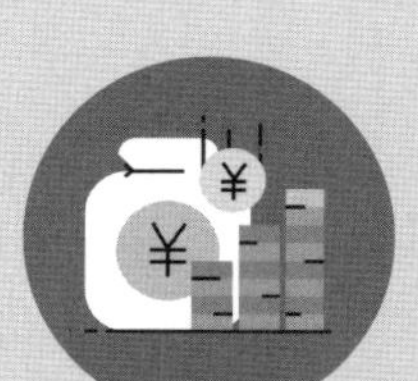

売り手の言いなりになって高い保障を買ってはいけない

保険や投資は、知識がないまま売り手の話を鵜呑みにすると、資産を大きく減らすリスクがある。本章では、〝下流予備軍〟になる原因をしっかり潰しておこう。

まずチェックすべきは、「保険の入りすぎ」になっていないかということだ。

「保険」と聞くと、「何かあったときに守ってくれる」というイメージがあるためか、「保険は必ず入っておくもの」という前提に立って売り手の話を聞いてしまう人が多い。そのようなスタンスの人が、保険の営業職員から

「社会人になったら、保険の1本くらい入っておいたほうがいいですよ」

「結婚されたのでしたら、保障を充実させましょう」

「お子さまが生まれたら、万が一の備えをしっかりしないと。死亡保障は4000万円はあったほうがいいですね」

「ケガや病気の備えはできていますか？　医療保険にはご加入されたほうが……」

「老後がご心配でしょう？　年金保険がお勧めですよ」

「介護のご不安がおありなら、介護保険はいかがですか」

などと保険を勧められたら、どうするだろうか？　「確かにそういう心配や不安はあるな。保険で備えておけるなら、入っておくか」と考えるのではないだろうか。

ちなみに、物やサービスを売るのに一番効果的なのは、相手の不安をあおることだと言われる。保険の営業担当者のセールストークが、こうした「不安に弱い消費者の心理」を巧みに利用しているということは知っておいたほうがいい。


今の40～50代は、こうして若い頃から勧められるままに加入してきた保険にずっと入りっぱなしになっているケースが多い。そして、これが老後への準備を妨げる要因になっている。

中には月の保険料が5万～6万円にもなっている人もおり、本来なら貯蓄に回せるはずのお金がどんどん保険料に消えていってしまっているのだ。月5万円なら年間60万円、20年間払い続ければ保険料だけで1200万円にもなる。

そもそも、「保険は必ず入っておくもの」というのが間違った思い込みだ。

私たちは、健康保険制度や年金制度などの「国の保障（社会保障）」によって、すでにある程度の保障を持っている。会社員や公務員なら、「勤務先の保障（福利厚生）」の中にもかなり頼りになる保障がある。さらに、「私的保障（金融資産や家族の収入）」もある。これらの保障で不足がないなら、民間の保険に入る必要はないのだ。もし足りない分があれば、民間の保険に「必要な分だけ」加入すればよい【図28】。

民間の保険を選ぶときの基準も、間違えないようにしたい。保険は「必要な分」だけ、「安く」買うのが鉄則だ。40～50代の人の中には、「安い保険なんて安心できない」「大手保険会社の商品のほうがいいに決まっている」といったイメージを持ち、大手生保の商品に加入している人が少なくない。

だが、大手生保の商品の多くは、ムダな保障がたくさんセットになっているという特徴がある。営業職員が対面で売るので人件費がかかることもあり、保障内容に対する保険料も割高だ。

一方、ネットで加入できる保険会社の商品は、販売にコストがかからない分だけ保険料が割安になっている。保障内容もシンプルなものが多く、「必要な分だけ」加入

図28「すでに持っている保障」を知ろう

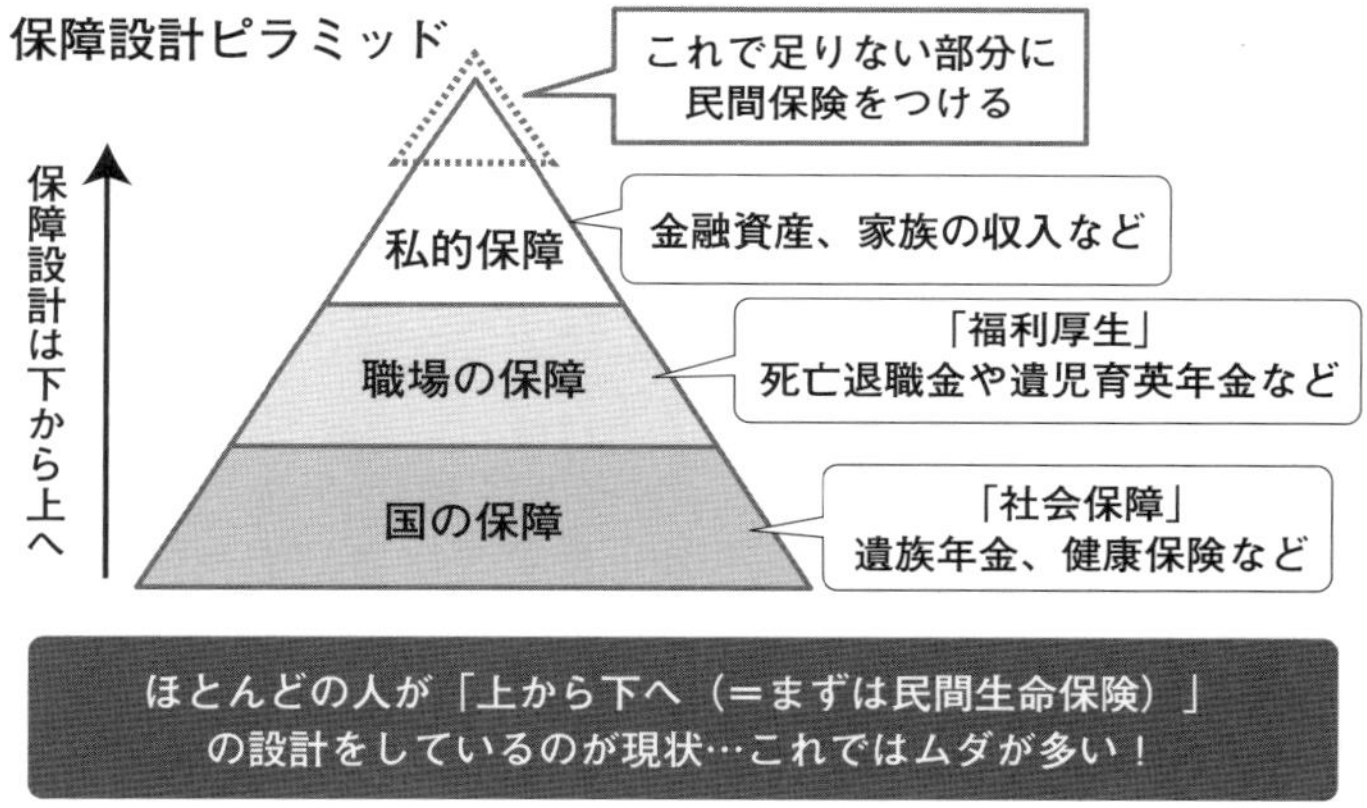

するのに向いている。

世の中には、確かに〝ブランド〟によって価値が上がるものもあるし、技術が物を言う製品なら大手企業のものを選ぶ合理性もあるかもしれない。しかし、保険に関しては〝ブランド〟には意味がない。

こうした合理的な考えに基づいて保険を見直せば、「保険の入りすぎ」をなくし、ムダな保険料をカットできる。保険見直しによる家計改善効果は大きく、これをやるとやらないとでは老後資金づくりのペースがまったく違ってくるので、必ず取り組んでほしい。

保険料を安くするポイントは、次の3つだ。

①目的に合わせて保険を選ぶ……死亡保障と医療保障は別々に考える。セットものは不要な保障もついているので割高なことが多い。

②民間の保険に入る前に「すでに持っている保障」を知る……国の保障と勤務先の福利厚生を見逃さない。

③必要な時期だけ保障を買う……子どもの成長とともに、高額な保障は不要になっていく。

なお、**生命保険会社の商品は「心配だから」「万が一のときのために」といった漠然とした目的で加入するものではない。**「自分が亡くなったら経済的に困る人がいる場合」と「病気やケガで〝入院や手術をしたとき〟に経済的に困る場合」、それに備えることを目的に加入すべきものだ。

原則として民間の生命保険会社の商品で検討すべきなのは「死亡保障」と「医療保障・がん保障」である。これは最初に頭に入れておいてほしい。

これらをふまえ、以下、具体的な見直し方をチェックしていこう。

死亡保障の見直し方。必要額は子どもの成長に応じて変わる

先に見たように、若い頃から「勧められるままに入った保険」を継続していると、大手生保のセット商品に入っているケースが大半だ。職場に訪れる保険の営業職員から、「これに入っておけば、万が一お亡くなりになったときのご家族のための保障はもちろん、病気をしたときの保障もあって安心ですよ」「ほかの社員の皆さんにも、同じ保険に入っていただいています」といったセールストークを聞き、「確かに自分に何かあったら大変だし、病気も心配だしな」「みんながこれに入っているなら、だいたいこんなものでいいんだろう」と加入目的も深く考えずに入った人が多いのではないだろうか。

しかし、セット商品は不要な保障もたくさん付いており、その分ムダな保険料を支

払っていることになる。また、民間の保険はいずれ不要になる時期（保障を減らしたり保険をやめたりする時期）が訪れるが、死亡保障と医療保障では不要になるタイミングが異なるため、セット商品に加入していると見直しがしにくいというデメリットもある。保険を見直す前提として、死亡保障でも医療保障でも、「単品」の商品を選ぶことを鉄則としよう。

では、さっそく死亡保障の見直し方法を見ていこう。

まずは死亡保障として「すでに持っている保障」を調べる。国の保障の代表的なものとして、遺族年金がある。会社員や公務員の男性が死亡すると、残された妻は「遺族厚生年金」を受け取れる。さらに、高校を卒業していない子ども（18歳になった年度末までの子）がいる場合、子どもの人数に応じた額の遺族基礎年金も受け取れる。

勤務先の福利厚生も確認しよう。制度の内容は企業によって異なるが、在職中に死亡すると「死亡退職金」や「弔慰金」が出るし、中には残された子どもの「育英年金」を出す会社もある。

たとえば、妻と中学生の子ども2人を持つ40代の会社員Fさんが死亡した場合、遺族厚生年金と遺族基礎年金を合わせて月に15万～17万円程度を受給できる。Fさんの勤務先に遺児育英年金制度があり、子ども1人につき月2万円を受けとれるとすると、遺族年金と合わせて月19万～21万円の収入を確保できる計算になる。しかも、この収入は非課税だ。

Fさんの妻が専業主婦だとしても、Fさんが亡くなれば働きに出るだろう。パートで月10万円稼げれば、1カ月あたりの収入は合計30万円前後となる。またFさんが住宅ローンを組んでいる場合、Eさんが亡くなれば団体信用生命保険でローンの返済がなくなる。住まいを確保したほかに月々30万円の収入があれば、残された妻と子どもが生活に大きく困ることはないだろう。

死亡退職金は、勤務先により金額は異なるが、40代なら1000万～1500万円が目安になる。「自己都合で退職したときに受け取れる退職金より少し多めの金額」と考えるといい。

Fさんの死亡退職金と弔慰金の合計が1500万円で、預貯金などの金融資産が500万円あったとすると、「一家の大黒柱の死亡」という万一の事態が発生した場合は手元資金２０００万円からのスタートとなる。
このように「すでに持っている保障」を調べ上げていくと、Ｆさんは「月々30万円の収入」と「貯蓄２０００万円」で妻と子どもがやっていくのに不足があるかどうかを考え、足りない分だけ民間の生命保険に頼ればいいということがわかる。
Ｆさんの場合は、子どもの大学卒業までの学費が１人あたり１０００万円、妻の老後資金の一部として１０００万円、合わせて３０００万円程度の死亡保障を確保しておくと安心だろう。

なお、勤務先に企業年金がある場合、在職中に死亡した場合は遺族に一時金が支給されることがある。勤続年数など一定の条件を満たす必要はあるが、50代の保障設計を考えるうえでは見逃せない金額になるはずだ。一度、会社の福利厚生ハンドブックや企業年金の規約を熟読することを勧めたい。

次に、民間の保険会社で死亡保障を確保する場合、どんな保険商品を選ぶべきかを考えてみよう。

死亡保障であれば安い保険料で大きな保障を確保できる掛け捨て型の「定期保険」がお勧めだ。「掛け捨てはもったいない」と感じるかもしれないが、定期保険の保険料は「保障を確保するために必要なコスト」と考え、貯蓄は別途、預貯金などで貯めたほうが合理的だ。

死亡保障額については、「必要な死亡保障額は末子が生まれたときに最大になり、その後は徐々に少なくなっていく」ということを頭に入れておこう。子どもが成長するにつれて備えておくべき保障額は減少していき、子どもが社会人になれば大きな死亡保障は不要になるわけだ。

合理性を追求するなら死亡保障額を毎年見直す方法もあるが、忙しく働く40～50代にはそれでは手間がかかりすぎるので、10年ごとに更新する「10年定期保険」で十分だろう。更新前に保険会社から通知が来るので、そのときに貯蓄額を見ながら保障額を減額するといい。

見直しをし、大手生保のセット商品など今入っている保険をやめて新たに加入する際は、保険料が安いネット生保の商品が候補になる。あるいは、勤務先のグループ保険は保険料がかなり割安なものが多いので、それを利用するのも一法だ。

グループ保険は一般に年1回募集があるので、その度に死亡保障額を見直せるのがメリットだ。ただし、保険料が全年齢同額というケースがあり、この場合、年齢が若いほど割高ということになる。いずれにしても、ネット生保の保険料と比べて割安なほうを選ぼう。また、グループ保険については出向したときも継続できるかどうかを事前に確認しておこう。まれに出向すると継続できない会社があり、出向によって保障がなくなってしまうこともあるので、注意が必要だ。

手続きをする際は必ず「新しい保険の契約が有効になってから、今の保険をやめる」という順番を守ろう。今の保険を先にやめて「必要な保障がない状態」になり、その直後に万が一のことがあっては大変なことになるからだ。

なお、50代で子どもがすでに社会人になっている人なら、死亡保障の保険は解約するのも有力な選択肢だ。「保険をやめる」というのは思い切りが必要かもしれないが、必要性がない保障のために保険料をダラダラ払い続けるなら、その分を積立貯蓄して老後資金を増やすことに力を入れたほうがいい。

「保険の見直しは面倒そうだな」「子どもは独立したけれど、保険をやめるのは抵抗がある」という人は、一度、今の保険料を確認してみよう。そのときに必ず、「その保険料を払い続けた場合、今後の保険料総額がいくらになるのか」を電卓を叩いて計算してみてほしい。きっと、見直しや解約のモチベーションになるはずだ。

入院しないともらえない医療保険、「モトが取れる」ことはまずない

次は医療保険の見直しに着手しよう。

医療保険は「必ず入っておくもの」と考えているかもしれないが、これは誤解に基づく思い込みである可能性が高い。あなたは、本当にいざというときに医療保険がどれだけ頼りになるものなのか、検証したことがあるだろうか？

まず、医療保険でお金がもらえるのは、原則として「入院か手術をしたとき」であり、病気にかかる費用をすべてカバーしてくれるわけではない。最近は、国の方針として入院は短期化の傾向にあるし、医療技術の進歩により、入院せずに外来でできる

高度な治療も増えている。外来でかかる治療費は医療保険ではカバーされないので、月々の収入や貯蓄から捻出することになる。

では、病気で入院して手術を受けたとして、医療保険からどれくらいのお金がもらえるのか。「入院日額5000円（1入院120日型）・手術給付金は内容に応じて入院給付金の10倍、20倍、40倍」というタイプの医療保険に加入しているとすると、

・入院給付金……1入院で最大60万円（5000円×120日）
・手術給付金……手術内容に応じて5万円、10万円、20万円のいずれかの金額

ここで、「1入院」の定義には注意が必要だ。

保険会社の約款には、「同じ病気や関連する病気で180日以内の再入院は〝1入院〟としてみなす」とある。たとえば、抗がん剤治療を複数回にわたり入院して行う場合、1クール目が終わるといったん自宅療養で1~2カ月体を休め、再入院して2クール目の抗がん剤治療を受けるとすると、2回の入院は通算して「1入院」として

カウントされる。180日を超えるとリセットされるが、医療保険には保険期間を通じた「限度日数」という制限もあり、その日数は「730日」、「1000日」など契約により決まっている。

たとえば私の身内の場合、白血病になって最初に60日間入院し、1カ月間の自宅療養の後に70日間入院した。「1入院120日型」の医療保険に入っており、それぞれの入院が120日以内なので本人は「60日間分と70日間分の入院給付金を受け取れる」と思っていたようだが、再入院が180日以内だったため2回の入院は「1入院」とカウントされ、120日を超える10日間分については入院給付金の対象外となった。

さて、最近の医療保険の主流は「終身保障・保険料終身払い」である。保険会社は「一生涯の保障が続く」ことを強調するので安心感が高いように感じるかもしれないが、「保険料もずっと払い続ける」ということにもっと目を向けるべきだろう。

セミナーなどで、参加者に「医療保険に支払う保険料の予算はどれくらいですか?」と尋ねると、月5000~1万円くらいは払ってもいいと答える人が多い。

図29 月々5000円でも長期間支払い続けると高額に！

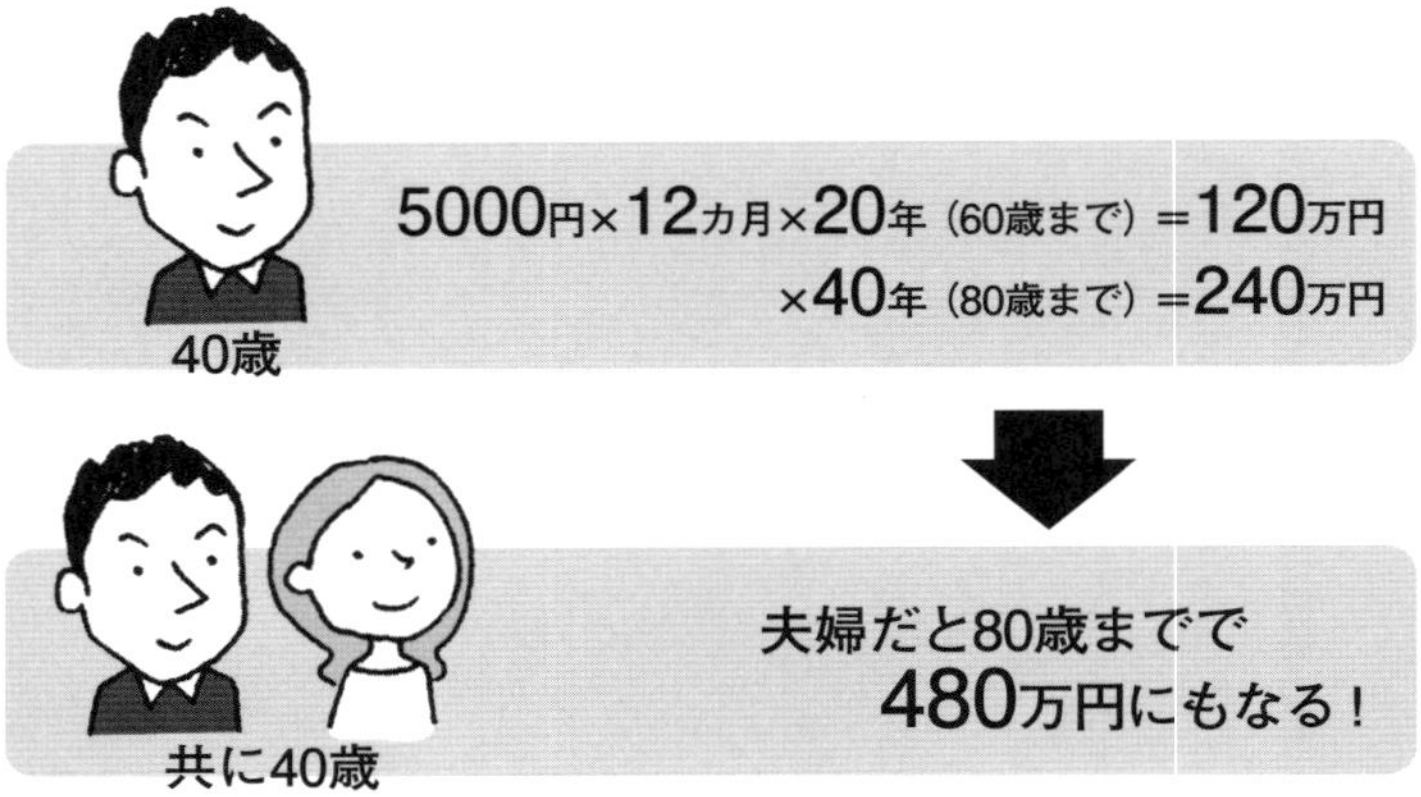

たとえば40歳の人が、終身医療保険に月々5000円を支払うと、1年間で6万円、60歳の定年までに120万円、80歳まで支払うと240万円もの保険料がかかることになる。もちろん、長生きすればさらに保険料は膨らむ。配偶者も同程度の保険に加入した場合、夫婦2人分でざっくり2倍として、40年間で480万円もの出費だ。

こうして計算してみると、1カ月あたりわずか数千円の出費でも、数十年にわたる固定支出となれば総額は大きな負担になることがわかる。

ここまでの話を整理してみよう。

「一生涯の安心」がうたい文句の終身医療

保険だが、保険期間中に数百万円も支払って、先のケースなら受け取れる給付金は1入院60万円＋手術給付金が5万～20万円である。
「確実に払っていくお金」と「入院して手術を受ければもらえるかもしれないお金」を冷静に比較すると、「医療保険は意外に頼りにならないな」と感じるのではないだろうか。

ときどき、入院して医療保険の給付金を受けとった人が「払った医療費より医療保険でもらったお金のほうが多かった」などと喜んでいることがあるが、そのためにこれまでいくらの保険料を払い、今後どれくらい払うことになるのかというところまでは考えが至っていないのだろう。医療保険は、「モトがとれる」ことはまずないということを、しっかり頭に入れておこう。

「医療保険を見直したい」というモチベーションが高まってきたところで、「保険料を安くするポイント」を思い出そう。まず確認すべきは、「すでに持っている保障がどれくらいあるか」だ。

医療保障の場合、第2章で触れた「健康保険の高額療養費制度」と「勤務先の健康保険組合の付加給付」が「すでに持っている保障」にあたる。復習も兼ねて、これらの保障について見ていこう。

医療費に100万円かかっても実際の支払いは8万円台ですむ！

健康保険で診療を受けると、窓口で支払うのは医療費の3割。ただし、自己負担限度額を超える分は「高額療養費制度」により後日払い戻しされる。

自己負担限度額は、所得区分により異なる【図30】。1カ月の自己負担限度額は、「一般所得者Ⅰ」の場合は9万円弱。「上位所得者Ⅱ」なら20万円近く、「上位所得者Ⅰ」だと30万円近くなる。

たとえば月収が40万円の会社員が、大きな手術をして1カ月近く入院したとしよう。医療費が100万円かかったら、窓口で支払うのは3割の30万円だ。しかし高額療養費制度により、自己負担は9万円弱ですむ。いったん支払った30万円との差額の約21万円が、後日、申請により払い戻しされる。

これは「一般所得者Ⅰ」のケースだが、雑費を含めても1カ月あたりの負担は10万

図30 2015年１月以降の高額療養費制度（69歳まで）

<table>
<tr><th>所得区分</th><th>１カ月の自己負担限度額</th><th>４回目以降</th></tr>
<tr><td>上位所得者Ⅰ
（健保：月収83万円以上
国保：所得901万円超）</td><td>25万2600円＋
（医療費－84万2000円）×１%</td><td>14万100円</td></tr>
<tr><td>上位所得者Ⅱ
（健保：月収53万円
～79万円未満
国保：所得600万超～901万円）</td><td>16万7400円＋
（医療費－55万8000円）×１%</td><td>9万3000円</td></tr>
<tr><td>一般所得者Ⅰ
（健保：月収28万円
～50万円未満
国保：所得210万超～600万円）</td><td>8万100円＋
（医療費－26万7000円）×１%</td><td rowspan="2">4万4400円</td></tr>
<tr><td>一般所得者Ⅱ
（健保：月収26万円以下
国保：所得210万円以下）</td><td>5万7600円</td></tr>
<tr><td>住民税非課税世帯</td><td>3万5400円</td><td>2万4600円</td></tr>
</table>

※所得区分の月収は社会保険料を計算する根拠の「報酬月額」のこと（各種手当込みの金額）
国保の所得は、総所得から住民税の基礎控除を差し引いた額のこと

一般所得者Ⅰ

入院や手術代の
医療費総額が
100万円
かかった

8万100円＋（100万円－26万7000円）×1%
=8万100円＋7330円
=8万7430円

これが
実際の額

これに入院の食事代や雑費などを
入れても負担は10万円程度

※差額ベッド代は病院により異なる

円程度。この程度の出費なら、2～3カ月ほど入院することになっても貯蓄で賄える人は多そうだ。一方、「上位所得者」に該当すると限度額がぐっと高くなるので、「入院が長期になると厳しいかも……」と思う人も少なくないだろう。

しかし、医療保障には「勤務先の健康保険組合の付加給付」がある場合もある。これは、言うなれば高額療養費の「上乗せ給付」だ。

付加給付がある健康保険組合なら、1カ月の医療費の自己負担上限額は2万～4万円としているところが多い。一度、加入している健保のウェブサイトで確認してみよう。健康保険証に記載されている健康保険組合の名称で検索をかけてサイトを見つけたら、「医療費が高額になったら」などのページを開き、「当健保の付加給付」あるいは「一部負担金払戻金」の項目を見ればよい。「自己負担が2万円を超える部分について付加給付を行います」などとあれば、月2万円が上限ということだ。

上位所得者に該当するほど高い月収を得ることができるのは、大企業の会社員であることが多い。大企業の多くは健保組合を持ち、福利厚生の一環として付加給付の仕組みを設けているので、上位所得者に該当したとしても最終的な自己負担は月2万～4万円となるのが一般的だ。

「すでに持っている保障」にどんなものがあるのかを押さえたところで、次の3つのステップに沿って自分の医療保険の見直しを行おう。

①自分の医療費の自己負担限度額を知る。健保組合に加入している人は、ウェブサイトで付加給付を確認する。

②入院が数カ月にわたった場合、自己負担限度額の支払いを、月々の収入や今の貯蓄でまかなえるかどうかをチェックする。

③収入や貯蓄でまかなえるなら、医療保険を止める。まかないきれないと判断した場合は、保障内容がシンプルで保険料が安い医療保険に乗り換える。

医療保険とひとくちに言っても保障内容はさまざまだが、必要なのは「入院給付金」と「手術給付金」の2つだけだ。「無事故ボーナス」や「お祝い金」、「通院給付金」「女性疾病特約」といった保障は不要。イメージだけで「保障は多いほうが安心」と思わず、「要らない保障があるとその分だけ保険料が高くなってソン」だと考えよう。

会社員なら、入院給付金は日額5000円が目安。1入院の給付限度日数は120日型か60日型を選ぼう。

医療保険は、定年退職までに「卒業」することを目指したい。年金生活になれば、収入は夫婦合わせて月20万円ほどになる。医療保険の保険料が1人5000円として、夫婦2人分なら毎月1万円も払い続けることになり、収支の悪化を招くことは目に見えているからだ。

先に見たように、医療保険に加入していても受けとれる給付金はさほど大きくない。「そうはいっても、高齢になって病院に長期で介護入院することになったら……」と思うかもしれないが、医療保険の入院給付金は「常時医師の管理下にあり、治療に専念する状態での入院」が対象だ。あなたがイメージする「老後の長期入院」では、医療保険が役に立たない可能性がある。

医療費については、老後資金のうち200万円ほどを「病気になったときのためのお金」として確保しておけばいい。自分の預貯金による備えが、「保険料がかからない保険」になる。

がんと聞いて最初に心配する「治療費」、どうするべきか

高齢になると、がんに罹《かか》る確率が高まる。「日本人の2人に1人はがんになる」と聞けば、「がん保険に入っておいたほうがよいのではないか」と考える人は少なくないだろう。

がん保険の保障内容は商品によって異なるが、「診断給付金」のほか、「入院給付金」や「通院給付金」「手術給付金」「抗がん剤治療給付金」「放射線治療給付金」などの保障がある。

がんは治療が長引くことも多い病気だ。部位によって治療費の目安は異なるが153ページ【図31】、たとえば胃がんの場合、3割負担で30万円が目安となっている。実際、家計に大きな影響を及ぼすこともあるので、医療費の負担が心配になるのも無理はない。

この点、がん保険の「診断給付金」は、入院日数や治療内容にかかわらず「がんと

診断されたら100万円」というようにまとまったお金を受けとることができるので、心強いといえる。先に触れたように、医療保険については定年退職までに「卒業」を目指したいが、がん保険については加入しておくのも選択肢の一つだ。

これから加入するなら、あれもこれもと保障内容を欲張ると保険料がかさんでしまうので、「がんと診断確定したときに診断給付金100万円、1回限り」の保障が確保できる商品で十分だろう。こうしたシンプルな保障で、保険料が割安なものを選ぼう。

ただし、すでにがん保険に加入している場合、新しいがん保険に入り直すと保険料がアップしてしまうことが多いため、「新しい保険のほうがよさそうだから」と乗り換えることは勧めない。

また、保険会社がさかんに「先進医療特約」をウリにしていることもあり、「先進医療特約がないと万が一のときに困るのではないか」という人もいるが、これは「先進医療」に対する誤解から生まれる不安といえる。

そもそも「先進医療」とは「健康保険診療の対象にするかどうか評価中」のものの

図31 がん（悪性新生物）の治療費と入院日数の目安

部位	医療費（3割負担）	入院日数の目安
胃	約30万円	18.8日
結腸	約25万円	15.4日
直腸	約34万円	18.7日
気管支および肺	約23万円	14.1日
乳房	約23万円	12.9日

※全日本病院協会「疾患別の主な指標」2013年（1～3月）より抜粋

こと。名前だけ聞くと「最先端の医療」というイメージを抱きそうになるが、実際には「評価が確立すればいずれは健康保険診断の対象になる可能性もあるが、まだ実験段階に過ぎず、導入されないまま消えていく可能性もある」ものにすぎない。

また、先進医療では治療費が高額になるというイメージも正しいとは言えない。確かに先進医療の中には高額な治療もあるが、大半のものは50万円以下で受けられる。

先進医療特約を付加しても、保険料は1カ月あたり100円程度しか変わらない。これは、それだけ給付金が支払われる確率が低いからだ。加入しようとしている保険に先進医療特約がついているぶんにはかまわないが、先進医療特約にこだわって保険を乗り換える必要はないだろう。

「老後が心配だから」と個人年金保険に入るのはNG

「老後の準備」を考え始めると、気になるのが民間の個人年金保険だろう。私も40代の人から「やはり、個人年金に加入すべきですか?」と尋ねられることが多い。その「やはり」という枕詞から、個人年金にかなり良いイメージを持っていることがうかがえる。

なぜ個人年金に入ろうと思うのかを聞いてみると、「銀行預金に比べて金利が高そう」「これさえ入っておけば老後は安心という気がする」というのがおもな理由のようだ。おそらく、多くの人の頭の中には「個人年金」=「老後の安心」という図式が定着しているのだろう。

しかし、今から個人年金に加入するのは勧められない。それは、個人年金のような貯蓄型保険は契約時の金利状況によって運用率(予定利率)が決まるため、現在のよ

図32 低金利の今、新規加入の個人年金に有利性はない！

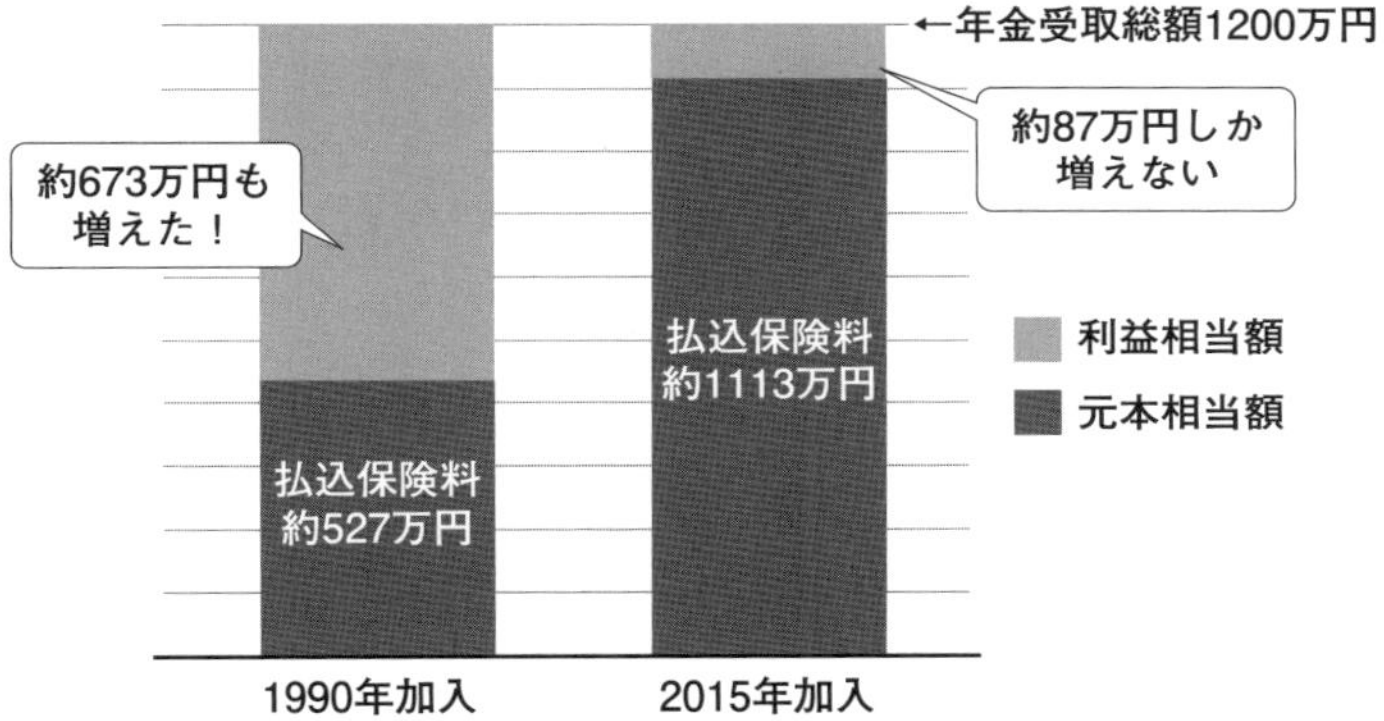

	1990年加入	2015年加入
年金受取総額	1200万円（120万円×10年間）	
月払い保険料	1万4652円	3万924円
30年間の払込保険料総額	約527万円	約1113万円

※ 30歳女性が個人年金に加入したケース。60歳保険料払込満了、60歳から年120万円の年金を10年間受け取る個人年金の加入例

うな超低金利のときの加入は不利になるからだ。

バブルで高金利だった時代には、個人年金は老後資金作りの商品として確かに有利だった。だが、バブル当時に加入した場合と２０１５年に加入した場合を比較すると、商品の魅力がまったくなくなっていることがよくわかる。

【図32】は、30歳の女性が個人年金保険に加入して60歳で保険料の払い込みを終え、60歳から年１２０万円の年金を

10年間受けとる個人年金に加入した場合の保険料を比較したものだ。受けとる年金額は同じなのに、月々の保険料は1990年加入なら1万4652円、2015年加入だと3万924円。なんと保険料が2倍以上になっている。年金受取総額1200万円に対して30年間で払う保険料は、1990年加入なら約527万円で済んだのに、2015年加入だと約1113万円にもなる。

個人年金に限らず、低金利下では貯蓄型保険は金融商品として魅力がない。しかし、保険会社が「返戻率《へんれい》」や「戻り率」というわかりにくい指標を使っているためにそのことが見えにくくなっているようだ。返戻率とは「払った保険料に対して何パーセント受け取れるのか」を表すもの。具体例で見てみよう。

たとえば40歳男性が2015年にある個人年金に加入し、60歳まで20年間にわたり保険料を払い込んで、60歳から年金を受け取るとする。年金額は年60万円、受取期間は10年間で、受取総額は600万円になる。月払い保険料は2万3808円なので、払い込み総額は約571万円だ。

このとき、返戻率は「年金受取総額600万円÷支払う保険料総額571万円×1

図33 返戻率《へんれいりつ》とは？

年金受取総額 ÷ 支払う保険料総額 ×100 で計算する

例　40歳から20年かけて60歳まで保険料を支払う。
年金金額は年60万円で10年間支払われる＝60万円。
月払い保険料は2万3808円×12カ月×20年＝約571万円

600万円÷571万円×100＝約105% ＜ 20年で5%増えるだけ

00」で計算し、約105%となる。さて、この数字はどう見えるだろうか？　多くの人は「5%も増えるなら預金より有利そうだ」と答えるが、これは大きな間違いだ。「1年間で5%増える」なら有利といえるが、「20年間で5%」は預金に比べて有利とは言えない。「○%」という数字を前に「有利か不利か」を考えるときは、必ず「期間」を考慮しなければならないのだ。

このケースで「毎月の保険料を20年間積立貯蓄した」と考えて積立利率を計算すると、利率はわずか0・1%に過ぎない（60歳時の年金原資は約576万円）。貯蓄型保険の場合、加入時の利率はずっと固定されるため、この年金保険は「向こう20年間、0・1%の固定金利で積み立てる」金融商品ということになる。足元の銀行の積立定期預金金利と比べればまだ利回りは高いが、20年もの間には金利が上昇する局面もあると考えるのが自然であり、将来的には個人年金のほうが不利になる可能性が高いと言える。

さらに日銀のマイナス金利実施の影響で、貯蓄型保険の予定利率は4月以降一段と低下傾向にある。予定利率の低下は保険料値上げを意味するので、貯蓄型保険の魅力はほぼなくなったのである。

貯蓄型保険の返戻率は、加入条件が同じ商品を並べて比較するのには便利だ。たとえば、まったく同じ条件で保険会社各社の個人年金に加入した場合にどれがおトクかを調べたいなら、返戻率があるとわかりやすい。だが、返戻率が示すのは同種の商品どうしの相対的なおトク度だけだ。「期間」の概念がない返戻率という指標は、金融商品としての有利性を表すものではないことを覚えておこう。

ちなみに、「個人年金保険は勧めない」と言うと「保険の予定利率は低いが、保険料控除で税金が安くなるから利回りはアップするのでは」と聞かれることがある。

だが、個人年金保険料控除は最大で年4万円だ。保険料を月1万円、年間12万円払ったとしても、控除の対象となるのは４万円までで、残り８万円は切り捨てられる。住民税は、控除は最大で年２万８０００円と、さらに切り捨て分が多くなる。利回りアップを期待するほど、節税の効果は大きくないと言える。

また、個人年金は途中で解約すると元本割れになる点にも注意が必要だ。現在のように予定利率がかなり低いときに契約すると、「年金受取開始の数年前までに途中で解約すれば元本割れ」という商品が多い。

40歳を過ぎて個人年金に加入すると、保険料払込期間が20年程度と短くなるため、20代や30代で入るのに比べて毎月払う保険料は高くなりがちだ。契約当初は払い続けるつもりでも、子どもの教育費負担が増す頃になると、個人年金の保険料が重荷となって毎月の家計が赤字に転落するケースが少なくない。「払い続けられないから」と途中で解約すれば、元本割れになってしまう。これでは、「入れば安心な商品」とはとても言えない。

もう一つ、よく質問を受けるのは外貨建ての個人年金についてだ。「円は超低金利だが、外貨建ての個人年金なら有利なのでは」と考える人もいるようだ。

最近は、金融機関もオーストラリア（豪）ドル建てなどの個人年金を勧めることが増えている。低金利の日・米・欧に比べると、金利が高いからだろう。だが、執筆時点のオーストラリアの政策金利は２％、長期金利（10年国債利回り）は３％程度。これは、長期的に見て魅力のある高金利とは言えない水準だ。

しかも外貨建て個人年金には、為替変動リスクが伴う。年金を受け取る数十年後に為替レートがどんな水準になっているかを予測することは不可能で、いざ受け取るタイミングになって為替が今より大幅な円高になっていたら、目も当てられない。「老後の安心」とはかなりかけ離れた商品だと考えたほうがいい。

退職金で投資デビューするのはやめなさい

ここからは、下流予備軍の要因になる「投資」について押さえていこう。

40〜50代は、投資に対する関心がほかの世代より薄い傾向がある。何といっても仕事が忙しく、ゆっくり投資に向き合う時間はないし、子どもにお金がかかる時期で余裕資金もない。

さらに、今の20代〜30代は公的年金への根深い不信から「足りないお金は何とかしなければ」と考えているのと比べ、バブル世代は老後について「何とかなるさ」と考えている人が多く、危機感が薄いのも一因だろう。

しかしリタイア後となると、話は別だ。おそらくあなたも、退職金を手にすれば「せっかくまとまったお金があるのだから、預貯金で置いておくのはもったいない」という気持ちになるだろう。これは、定年退職者に共通して見られる傾向だ。それまで投資にまったく関心がなかった人でも、口をそろえて「資産運用をしなくては」と言い出す。

私はこれを〝退職金運用病〟と呼んでいる。リタイア前でも、親からの相続などで数百万円単位のお金を手にすると、同じように〝運用病〟にかかる人が多い。

〝運用病〟にかかっても、運用商品を自力で選べるくらい勉強してから始めるならいい。だが、多くの人は「初心者で、自分では何を買えばいいかわからないから」と考え、金融機関に相談して投資商品を選んでもらうことになる。そしてこのとき、老後資金を大きく減らす方向に足を一歩踏み出したことに、本人はまだ気付いていないのだ。

「投資デビュー」するとき、金融機関に商品を選んでもらったという人は多い。だが、金融機関に頼って資産運用し、ずっと順調というケースはまずない。それどころか、金融機関に勧められるままに多額のお金を投資して、大切な老後資金を大きく目減りさせるケースはあとを絶たないのである。

投資は「買って、持って、売って」がひとつの経験である。買うことを人任せにした人が、投資商品の保有中に値動きの背景をチェックしながら、上手に売ることができるはずはない。

それに、そもそも「金融機関の勧めにしたがって投資をしていれば大丈夫」と考えるのが大間違いなのだ。

忘れてはならないのは、**銀行や証券会社が金融商品を売るのは、それが「手数料を得るビジネス」になっているからだということ。**金融機関からすると、より多くの手数料を得ようと考えれば、「まとまったお金で」「手数料が高いものを」買ってもらうのが合理的だということになる。しかし本来、顧客からすれば手数料は安いにこしたことはない。つまり、**金融機関とあなたは「利益相反」の関係にあるわけだ。**

また、金融機関の担当者が「頼りがいのある金融のプロ」だと思っていると、期待外れに終わる可能性がある。

私はセミナーなどで金融機関の販売員と接する機会も多いが、残念なことに、金融商品の仕組みを知らなかったり、マーケットの基礎知識が欠けていたりというケースも少なくないのが現状だ。商品のセールストークは学んでいるので「立板に水」で説明はしてくれるかもしれないし、世間話にもじっくり付き合って笑顔であなたの話を聞いてくれるかもしれない。だが、「一生懸命だ」「やさしい」「いい人そうだ」といった理由だけで、大事な老後資金を運用する商品選びを任せていいはずはない。自分の身を守るためには、金融機関の販売員にはあなたにとって最適な商品を選んだりマーケットを読んだりする力はないと考えておいたほうがいい。

退職金で金融商品に投資して失敗している人は、たくさんいる。そういった失敗談が耳に入ってこないのは、誰も「投資で失敗してお金を減らしてしまった」という話を触れ回ったりはしないからだ。友達や元同僚、後輩はもちろん、家族にさえ失敗したことを言えずにいる人もいる。

私は老後の生活設計の相談を受ける立場から、これまで本当に数多くの失敗例を見てきた。本書を読んだ人は決して同じ轍を踏まないよう、〝退職金運用病〟には十分に注意してほしい。

40代から、少しずつ投資の勉強をしておく

投資については、やりたくないなら無理に取り組む必要はない。だが、「老後に時間ができたら運用もしてみたい」「もっとお金が貯まったらその時はやりたい」など

と思っている人は、先送りせず、少しずつ投資の勉強を始めることを勧めたい。

投資というと、ＦＸや株式投資をイメージする人が多いかもしれないが、40〜50代で老後に向けた資産形成を目指すなら、候補になるのは投資信託だ。まずは１〜３冊程度、投資信託の選び方などを解説した入門書で予備知識を仕入れよう。そのうえで、必ず「自分で商品を選ぶ」ことが重要だ。


こうして多少なりとも時間を割いて勉強をしておかないと、運用の第一歩を誤る可能性が高くなる。

近年、「退職金を銀行に預けておいたら『投資信託で運用しませんか』と提案を受けたので、購入する前に相談したい」というケースが増えている。退職金に限らず、まとまった額が口座に入金されれば、それを知っている銀行は見逃さずに〝営業〟をかけてくるものなのだ。

銀行から勧められるのは、売れ筋ランキングで上位のものなど〝人気商品〟が多い。だが、金融商品の場合、人気があるからといっていい商品とは限らないことに注意が必要だ。

家電製品などのように、人気と品質がある程度はリンクしていると考えられる商品やサービスもあるが、**金融機関で売れ筋になるのは「金融機関がセールスに力を入れた商品」と考えたほうがいい。**では、金融機関はどんな商品の販売に力を入れているのかといえば、それはやはり「自分たちが手数料を稼げるもの」ということになるだろう。最近は金融庁の監督が厳しくなり、「顧客のニーズに合う商品を提供する」といった宣言を出す金融機関も出始めているが、基本的に対面販売で取り扱う商品は顧客対応などに人手がかかることもあり、手数料が高めの商品が多いことに変わりはない。

以前、私の退職者向けセミナーを聞いたという男性から「退職金運用について相談したい」という申し込みを受けた。やはり、銀行から投資信託の提案を受けて迷っているという。そこで、私のセミナーで投資の注意点を聞いたことを思い出し、改めてコンサルティングを受けたいと考えたのだそうだ。

そこで私は、「ご相談日までに、何冊か投資信託の本をお読みになってはいかがですか」と勧めた。これは、基礎知識を少しでも仕入れて来てもらうと「基礎の基礎」

に時間を割かずにすむため、コンサルティングが充実するからだ。

そして、コンサルティング当日。その男性は、「本を読んでみたら、手数料が高い商品はダメだと書いてあった。1冊だけでは内容が偏っているかもしれないと思ったが、別の本にもやはり同じようなことが書いてあって、**『低コストでわかりやすい商品を買う』というのが投資の常識だとわかった**」と話してくれた。すでに、銀行で勧められた商品には投資すべきではないとご自身で気付いていたので、その後のコンサルティングはスムーズに進んだ。

投資関連の書籍は、1冊1500円前後で買える。この程度の出費で最低限のポイントを押さえるだけで、投資の大失敗を防げるとしたら安いものではないだろうか。

資産運用については、学校でも会社でも教えてもらう機会がない。金融商品の仕組みや商品選びのポイントなど、基礎知識を身につけるための勉強は避けることができないプロセスだ。ほんの1冊、入門書を読むか読まないかだけで、知識量に大きな差がつくことを覚えておこう。

投資の勉強については、できれば何冊か読んでみて、「この人のアドバイスは腹に落ちる」という著者を見つけるとなおいい。その人を〝投資の師匠〟と決め、ウェブや雑誌の記事などでも注目するようにしておくと、市場環境が大きく変化したときにも〝師匠〟の見方を参考にして自分の判断力を磨いていくことができる。

ここまで読んで「勉強するなんて面倒くさいな」と思ったら、投資には手を出さないほうがいいだろう。それよりもまず専念すべきは、住宅ローンや保険を見直し、子どもの教育費支出を乗り越えて老後資金の準備を進めることだ。

ただし、「まとまったお金が入ったときは、金融機関からの営業や〝運用病〟に注意が必要」ということだけは忘れないようにしてほしい。

投資は「コストにこだわる」のが鉄則

何冊か投資関連の本を読んだら、実際に投資を始めてみよう。値動きのある商品を売買してみると、経験を通じて投資についての理解が深まるのはもちろん、勉強だけではわからない「投資するとはどういうことか」が体感できるもの。「リタイアして時間とお金ができたら」と先送りせず、少額でもいいので40～50代のうちから投資をスタートし、経験を積んでおくほうがいい。

投資では「確実にお金を大きく殖やすための方法」は存在しないが、「大きく減らさないために守るべきポイント」がある。中でも「投資の鉄則」ともいうべきポイントは、「高い手数料のものは買わない」ことだ。

一般に、「投資の儲けを目減りさせるのは、手数料と税金」と言われる。これは、手数料も税金も、少ないほうが儲けは多くなるということだ。特に手数料については、投資経験が豊富な人でさえ無頓着であることが多く、注意が必要といえるだろう。

たとえば投資信託には、おもな手数料として、買うときにかかる「購入時手数料」と保有期間中にかかる「運用管理費用」の2つがある。

購入時手数料は、「ノーロード」と呼ばれる手数料ゼロのものもあれば、3％ほどかかる投信もある。仮に投信に100万円投資して購入時手数料が3・24％なら、最初に3万2400円も払うことになるわけだ。この場合、買った投信が3・24％

図34 手数料をできるだけ抑えるのがソンしないコツ

300万円を30年間、４％で運用できたら…

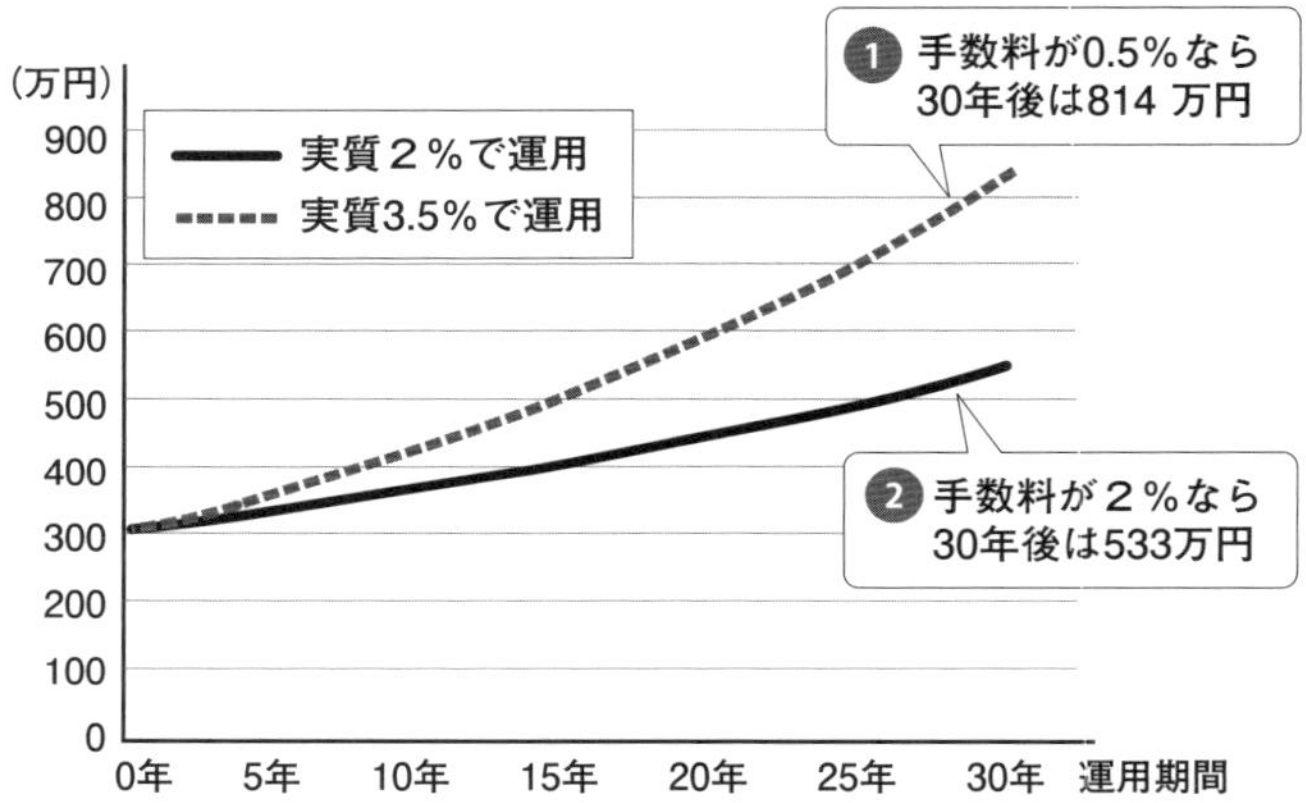

たとえば、４％で運用できたとして、

❶ 収益 ４％ － 手数料 0.5％ ＝ 実質3.5％の運用

❷ 収益 ４％ － 手数料 2％ ＝ 実質2％の運用

手数料は、投資の儲けの足を引っ張る！

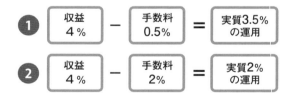

以上値上がりしなければモトを取ることさえできない。

運用管理費用は保有期間中ずっとかかり続けるコストで、運用成績に与える影響はより大きい。仮に年利4％で運用できたとして、コストが0・5％なら実質的な運用利回りは3・5％となるが、コストが2％なら実質的な運用利回りは2％まで低下してしまう。

右ページの【図34】は、300万円を30年間、年4％複利で運用した場合、コストの差によってどれだけ運用結果に違いが出るかを示したものだ。運用コストが年間0・5％なら30年後には814万円まで増えるが、運用コストが年2％だと533万円にしかならない。

グラフからわかるように、年率1・5％のコストの差はこのように儲けの足を引っ張り、投資期間が長くなるほどその影響は大きくなるのだ。

運用管理費用は、購入時手数料と違って「ゼロ」のタイプはなく、安いもので年率0・2％、高いものだと年率2％かかる（いずれも税抜き）。投資をする前にしっかり確認して選びたい。

ちなみに、コストが安い投資商品には「インデックス型の投資信託」「ETF」「国債」「ネット証券などでの個別株投資」などがある。

反対に、コストが高くお勧めできないのは、「運用管理費用1・2％以上の投資信託」「変額年金保険」「一時払い終身保険」などだ。うっかりコストが高い金融商品を買ってしまわないよう、頭の片隅に入れておこう。

もう一つ頭に入れておきたいのは、「最初からまとまったお金で投資をしない」ということだ。

まとまったお金を手にすると、1000万円以上といった額を一気に投資に回そうとする人が少なくない。

だが、投資商品には値動きがつきもの。投資を始めたときが〝買い時〟とは限らない。うっかり高値で買ってしまえば取り返しがつかないほど損失が膨らむおそれがある。また、「買ってみたけれど自分が思ったような商品ではなかった」という場合、少額から試していればすぐに手を引くこともできるが、大金を投じていると身動きがとれなくなってしまう。

まずはインデックスファンドから〝つまみ食い投資〟でトレーニング

投資商品は、買ってみなければ自分に合うかどうかわからないところがある。そこで私が提唱しているのが〝つまみ食い投資〟だ。40代以上なら30万円程度を目安に、まずは一つ商品を選んで〝つまみ食い〟するように買ってみるのだ。教育費負担が重い世代でも、このくらいの金額からなら投資デビューできるだろう。

実際に投資してみると、「こんなに大きく値動きする商品は自分には向いていない」と気付いたり、「なぜここで大きく値下がりしたのか」といったことを考えたりするようになる。こうしてリアルな投資の経験を積んでいくと、おのずと次に投資したい商品も見えてくるものだ。

〝つまみ食い投資〟の最初の一歩としてお勧めなのは、日本株インデックスファンドだ。

図35 日本株のインデックスファンド

■インデックスファンドとは

どんな商品？	日経平均株価や TOPIX に連動する動きをめざして運用される投資信託。投資先は日本株
どこで買える？	証券会社ならどこでも扱う。銀行でも扱っているところがあるが、購入時手数料がネット証券より高いので注意
いくらから買える？	1 万円から。証券会社によっては、「基準価額」と同額から（基準価額が 9000 円なら、9000 円から）
どんなコストがかかる？	●購入時手数料…無料を選ぶこと ●運用管理費用…0.5%以下のものを選ぶこと ●信託財産留保額…かかるファンドと、かからないファンドがある。これは、こだわらなくてもいい

■日経平均に連動する日本株インデックスファンドの商品例

商品名	運用会社	購入時手数料	運用管理費用
日経225インデックスe	三井住友トラスト・アセット	0%	0.2052%
たわらノーロード日経225	DIAM	0%	0.2106%
ニッセイ日経225インデックスファンド	ニッセイアセットマネジメント	0%	0.27%
SMT日経225インデックス・オープン	三井住友トラスト・アセット	0%	0.3996%
eMAXIS日経225インデックス	三菱UFJ投信	0%	0.432%

※インターネットバンキング専用　（注）運用管理費用（信託報酬）は税込の数値。

インデックスファンドとは、日経平均株価やTOPIX（東証株価指数）など、株式市場全体の動きを表す指標（インデックス）に値動きが連動するタイプの投資信託のこと。たとえば日経平均連動型のインデックスファンドなら、日経平均が上がるとファンドの価格も上がるし、下がれば同じように値下がりする。

インデックスファンドは、コストが低いのが大きな魅力といえる。指数に連動するよう機械的に運用されるインデックスファンドに対して、運用のプロであるファンドマネジャーが銘柄を選んで組み入れるタイプの投信をアクティブファンドと呼ぶが、アクティブファンドは運用の手間がかかる分だけコストが高くなりがちな傾向があるのだ。この点、インデックスファンドならノーロードの商品が多く、運用管理費用も低いものがたくさんある。

日経平均株価やTOPIXに連動する日本株インデックスファンドは、情報収集に手間がかからないのもメリットだ。日経平均やTOPIXはテレビのニュースや新聞、ネットなどを見ていれば動向を把握できるので、いちいち保有しているファンドの基準価額を調べなくても値動きが把握できる。

また、日本株全体が大きく動いたときは、やはりニュースでその背景が解説される。

日本株インデックスファンドを保有していると、こうしたニュースへの興味が高まるので徐々にマーケット感覚が磨かれることにもなる。投資は「買って、持って、売って」が一つの経験。ただ買うだけでなく、市場の動向を見ながら売り時はいつかを考え、時が来たら実際に売ってみてこそ、トレーニングになる。

日本株インデックスファンドで経験を積んだら、少しずつほかにも興味のある投信を探して買ってみよう。「この商品はよさそうだ」と思ったら、少しずつ買い増していけばいい。

おそらく、少し投資の勉強をした人は、私が提案する〝つまみ食い投資〟に違和感を覚えるだろう。

投資の世界では、リスクを抑えるためには分散投資が重要だと言われている。たとえば「国内株」「外国株」「国内債券」「外国債券」というように、値動きの異なるさまざまな資産に分散して投資をしていれば、ある資産が値下がりしたときに他の資産の値上がりでカバーすることができるのだ。分散投資には、一つの資産に集中投資するのと比べて値動きのブレを小さくする効果があるのは間違いない。

分散投資にこだわるなら、初めて投資するときからポートフォリオ（資産の組み合わせ）を考える必要があるということになる。「日本株インデックスファンドだけを買うというのは、資産が偏るのでよくないのでは？」「日本株インデックスファンドの次の〝つまみ食い〟商品を選ぶときに、分散のことを考えなくていいのか？」などと考える人もいるだろう。

だが私は、**投資を始めたからといって、すぐに理想のポートフォリオを作らなくてもよいと考えている。**もちろん、先にも触れたように、まとまったお金を一つの商品に投資するのはＮＧ。だが、少しずつ買い増していくのであれば、最初から資産の配分にこだわる必要はない。いろいろな商品に投資してみる中で、少しずつポートフォリオを作り上げていけばいい。

もう一つ、私の「投資の練習には、買った投信を市場運の動向を見て売ってみることが必要」というアドバイスにも「それでいいの？」と思う人がいるかもしれない。少し勉強した人なら、「資産をじっくり形成していくには長期投資が重要。短期的な売買をすべきではない」と考えていることだろう。

「長期投資が重要」というのは間違いないのだが、私は「長期投資」と「長期ほった

らかし投資」は別物だと考えている。そもそも、「長期投資が重要」と言いながら、その「長期」がどれくらいの期間を指すのか考えたことがあるだろうか？　実際のところ、「長期」のイメージは人によって異なるし、「長期投資は○年」という正解があるわけでもない。にもかかわらず、「長期投資が大事だから」という理屈のもと、「なんとなく保有したままほったらかしている」状態で売り時を見定めることもしないままになってしまっている投資家は少なくないように思う。

実際のところ、投信などで運用しているお金をいざ使おうというタイミングで、相場がどのような状態になっているのかは予測できない。分散投資をしていても、リーマン・ショック時のようにあらゆる資産の価格が下落し、保有している投信が軒並み値下がりする場面はあるものだ。たまたまそのような場面でお金が入り用になったら……と考えると、「長期ほったらかし投資」はとても勧められない。

それよりも、買ったものが値上がりして「売ってみたい」と思ったら、売って利益を確定すればよい。全部を売るのに抵抗があれば、一部だけ売却するという手もある。「売ってみる」ことは売り時をじっくり考えるトレーニングになるし、何より利益を確定するのは投資の醍醐味でもある。

もちろん、私は短期売買を勧めているわけではない。だが、「買いっぱなし、持ちっぱなし」にするのが正しい投資法とは言えないことを頭に入れておこう。「長期投資の呪縛」に捕らわれてはならない。

国の制度を知って利用する！ 節税メリットがある「確定拠出年金」と「ＮＩＳＡ」

「勉強が面倒なら無理に投資に挑戦しなくてもいい」と書いたが、そうとも言っていられない人もいる。もしあなたの勤務先が確定拠出年金を導入しているなら、投資の勉強は避けて通れない。

確定拠出年金（ＤＣ）は、簡単に言えば「会社が年金のタネ銭を出すから、自分で責任を持って運用しなさい」という制度だ。運用の結果次第で、企業から一時金として受けとる退職金や、分割して受け取る企業年金の額が変わる。

一方、「確定給付年金」と呼ばれる企業年金は、勤続年数などによってあらかじめ支給される額が決まっている。運用の責任は企業が負い、運用が不調なら企業の利益から補填されることもある。

ちなみに、日本で確定拠出年金が導入されたのは、2001年のことだ。背景には、バブル崩壊後、金利の低下や株式市場の低迷によって運用がうまくいかない企業年金が増加したことがある。確定給付年金が企業業績の足を引っ張るようになり、「このままではまずい」ということになったわけだ。

確定拠出年金では、元本保証がある預金や保険のほか、投資信託がラインアップされている。「運用するのは難しそうだ」と考える人が多いためか、一般に人気があるのは元本保証の商品。だが、「元本保証なら安心」と考えるのは早計だ。

たとえば、企業が毎月「退職金のタネ銭」として1万円を拠出してくれるとする。これを元本保証の商品を積み立てていった場合、仮に年0・5%の利回りとすると40年後には退職金が約531万円となる。さて、これで「良かった」と言えるのだろうか?

1997年までは、確定給付年金は原則として5・5%という高い運用利回りを約束している企業が多かった。この水準で運用したとすれば、同じ「毎月1万円を40年間」積み立てでも、退職金は約1740万円になる。この計算を見てわかるのは、

図36 個人型DCが拡大し、公務員や主婦も利用できるようになる

（金額はDC掛金の限度額）

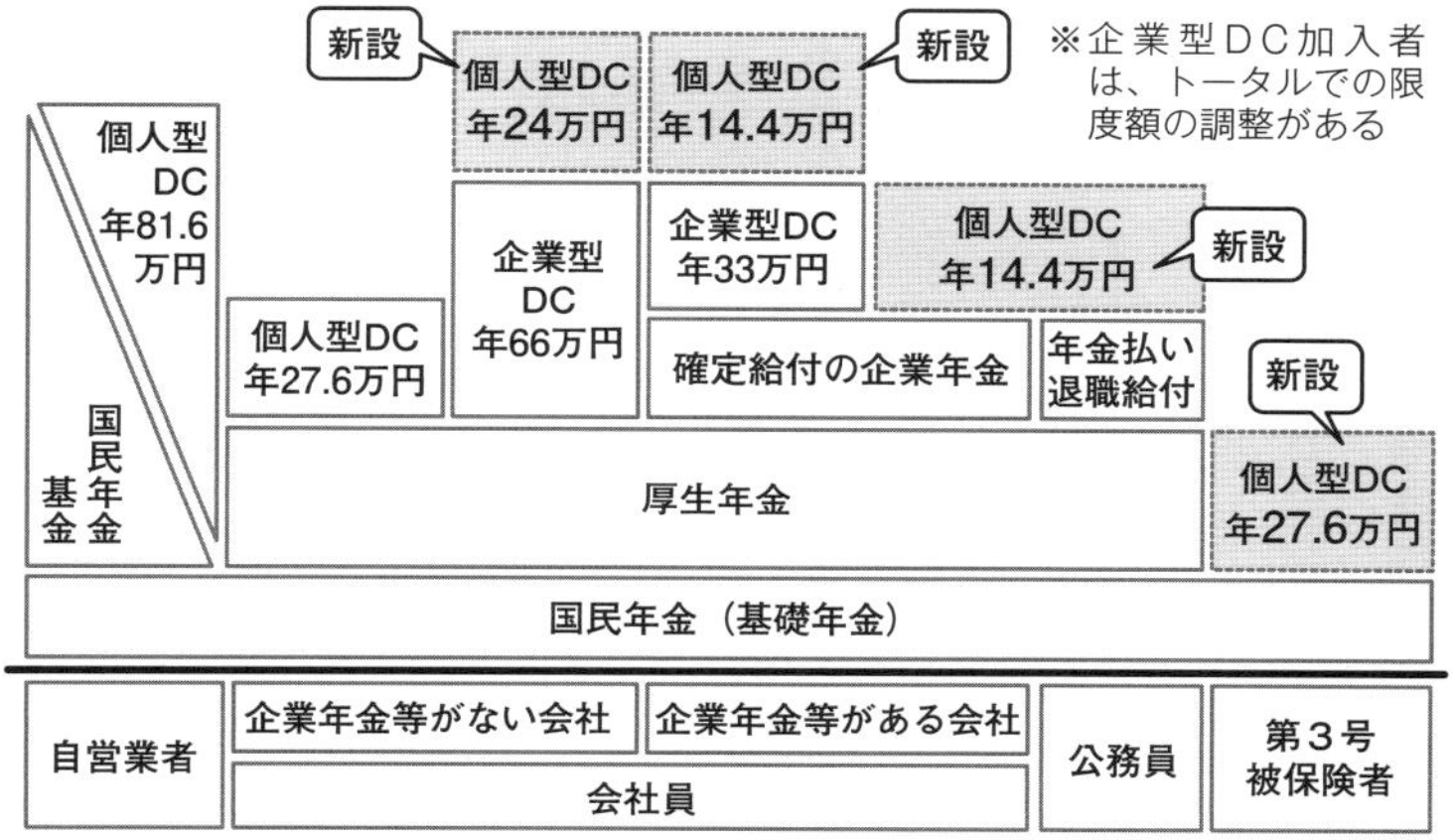

「リスクを取って運用しない限り、上の世代と比べて退職金が１０００万円以上も減ってしまう可能性がある」ということだ。運用には、前向きに取り組むべきだと言えるだろう。

「ウチの会社には確定拠出年金がないから自分には関係ない」と思った人もいるかもしれないが、今後はすべての人が確定拠出年金を利用できるようになることも知っておこう。

確定拠出年金には「企業型」と「個人型」があり、これまでは確定拠出年金導入企業に勤めている人が「企業型」を利用してきたほか、自営業者や企業年金がない会社に勤めている人が自分で「個人型」に加入できるようになっていた。

しかし今後は、公務員や主婦も個人型確定拠出年金に加入できるようになるほか、企業型確定拠出年金がある会社員にも個人型確定拠出年金が新設される。つまり、会社員、自営業者、公務員、主婦などあらゆる属性の人が確定拠出年金の対象となるわけだ【前ページ図36】。

背景には、国が「老後に向けた個人の自助努力の環境整備」を進めていることがある。少子高齢化により、公的年金は将来的に年金額の引き下げや支給開始年齢引き上げが避けられそうにない。そこで、国はこうした制度を拡充し、「今後、国が老後の面倒をみる部分は減っていくので、国民は自分で老後資金作りをするように。そのための仕組みは整えるし、特典は用意するから」というメッセージを発しているわけだ。

ここでいう「特典」とは、確定拠出年金制度が持つ「税制メリット」のことだ。

確定拠出年金は、掛金が全額所得控除の対象になり、その年の所得税と翌年の住民税が軽減される。加えて、一般に金融商品の利息や運用益にかかる税金も非課税となる。これは個人年金保険など民間の「老後資金作りに向く」として売られている商品と比べて非常に大きなメリットと言ってよい。

たとえば、会社員（家族構成は専業主婦の妻と中学生以下の子2人）が個人型確定拠出年金に加入し、年24万円拠出した場合の節税効果を見てみよう（計算には復興増税は考慮しない）。

◉ケース① 年収700万円、所得税率10％、住民税率10％

節税効果＝掛金24万円×（10％＋10％）＝4万8000円

◉ケース② 年収800万円、所得税率20％、住民税率10％

節税効果＝掛金24万円×（20％＋10％）＝7万2000円

24万円の掛金に対し、安くなる税額が4万8000円や7万2000円というのは、節税効果がかなり高いと言っていいだろう。

国が「老後資金は国民自身で何とかせよ。努力するなら税金は安くする」と言うなら、これはぜひ利用を検討すべきだ。ただし、確定拠出年金に掛けたお金は原則60歳までは引き出せないため、無理のない範囲内で掛金を設定することが重要だ。

個人型ＤＣに加入するなら、注意したいのが窓口となる金融機関（運営管理機関）に継続的に払う手数料だ。

継続的にかかる手数料は３種類あり、うち２つ（事務手数料と資産管理手数料）はどこでもほぼ同じだ。しかし、運営管理費用は金融機関によって大きく異なる。大手銀行や地方銀行、保険会社は運営管理費用が高い傾向があることを知っておこう。手数料が安く、商品ラインナップの良い金融機関を選ぶことが大切だ。この２つの条件を満たすＳＢＩ証券とスルガ銀行は、個人型ＤＣの利用者に人気がある。

もう一つ、国が資産運用を後押しする制度として２０１４年に導入したのが「ＮＩＳＡ（ニーサ：少額投資非課税制度）」だ。これは、株や投資信託などの金融商品の運用益が、年間１２０万円の投資元本分まで非課税になる制度。

たとえば投資信託を購入し、値上がり益が10万円出たとしよう。本来、運用益には約20％の税金がかかるので、手取りは8万円となる。しかしＮＩＳＡを利用すれば、10万円がまるまる手取りになるわけだ。

確定拠出年金は60歳まで引き出せないという制約があるが、ＮＩＳＡにはこうした制約はない。老後資金作りなら確定拠出年金を優先して利用したほうがメリットが大きいと言えるが、「60歳まで使えなくなると困るかもしれないお金」を運用するなら、ＮＩＳＡの利用が選択肢になるだろう。

第5章

将来の安心のために、今できること

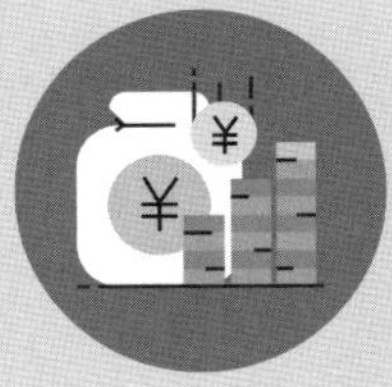

これだけは知っておきたい！ 3分でわかる年金のいろは

この章では、第4章までに見てきたことに加え、今から老後の安心のために知っておくべきことややっておくべきことを押さえていこう。

老後の生活のベースとなる年金制度については、「何となくしか知らない」という人も少なくない。まずここで、最低限知っておくべき年金の基本を確認しよう。

年金は、働き方によって加入する種類が異なる。そして将来もらえる年金額は、現役時代に加入していた年金の種類によって大きく変わる（次ページ【図37】）。

公的年金制度は一般に「2階建て」と言われている。日本に住む20歳から60歳までの人は、全員が1階部分にあたる「国民年金（基礎年金）」に加入する。これに加え、2階部分として会社員や公務員には「厚生年金」があり、報酬に比例した年金を受給できる。

図37 公的年金の種類と加入する制度

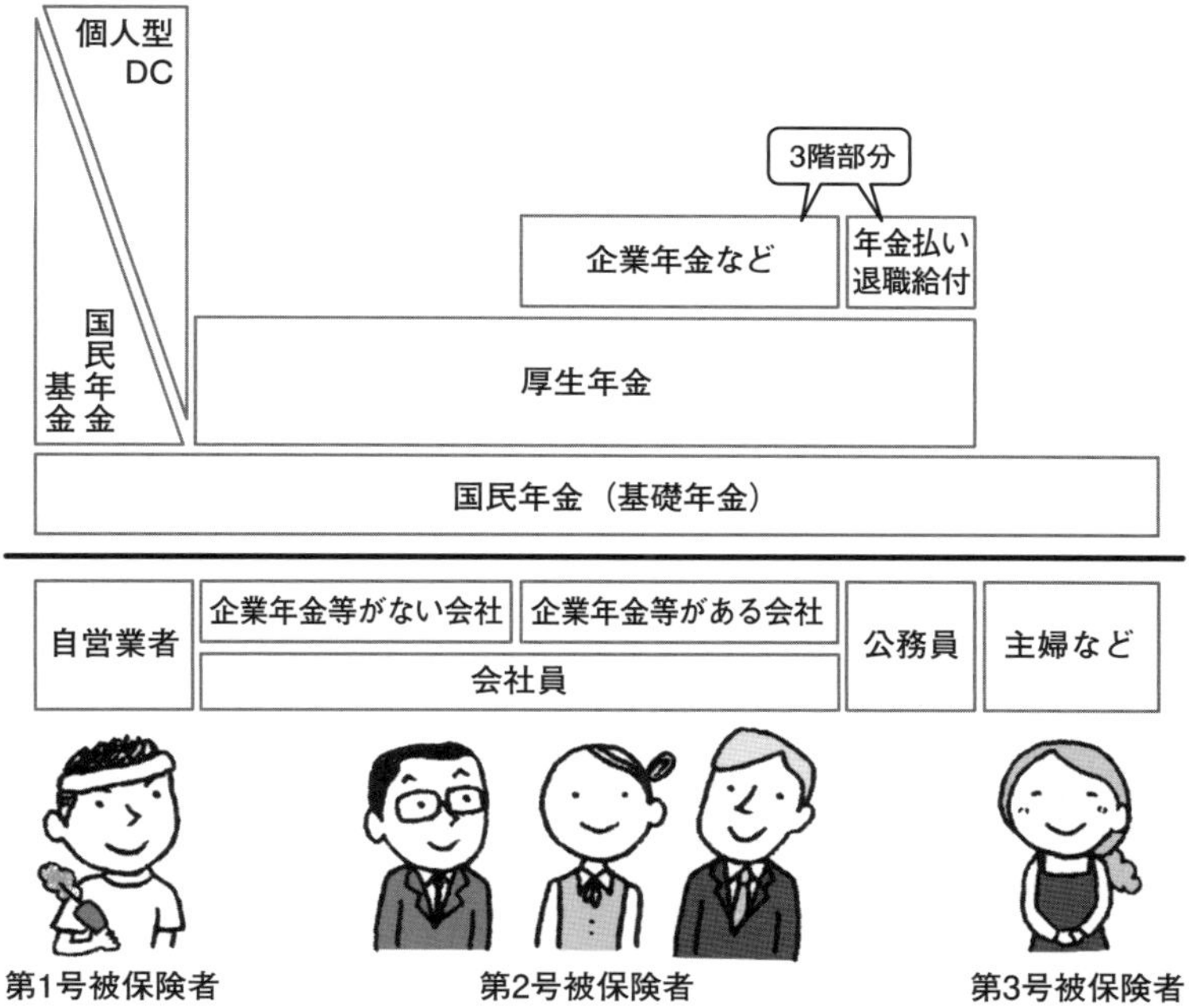

このほか、勤務先によっては会社独自の年金として「企業年金」があるほか、公務員には「年金払い退職給付」があり、これらは年金の「3階部分」と呼ばれる。

自営業などで国民年金に加入している人を「第1号被保険者」といい、老後は「老齢基礎年金」を受給する。会社員で厚生年金に加入している人は「第2号被保険者」で、老後は「老齢基礎年金」

に加えて「老齢厚生年金」も受給できる。第2号被保険者に扶養されている年収130万円未満の配偶者は「第3号被保険者」となり、老後は「老齢基礎年金」を受給する。第3号被保険者には、保険料負担はない。

つまり、あなたが会社員で専業主婦やパート勤めなど「第3号被保険者」の妻がいるなら、あなた自身は老齢基礎年金と老齢厚生年金、さらに勤務先によっては企業年金を受け取ることになる。妻が受け取るのは、老齢基礎年金のみまたは、結婚前など会社勤めをした期間があると期間に応じた老齢厚生年金も受け取れる。

共働きで、あなたも配偶者も会社員の場合、2人ともが老齢基礎年金と老齢厚生年金を受給できるほか、勤務先次第で企業年金も受け取ることになる。

老齢基礎年金は、20歳から60歳まで国民年金に40年間加入して国民年金保険料を納めていれば満額受給でき、年間で約78万円となる（2016年度）。老齢厚生年金は、現役時代の収入と加入期間によって受給額が異なり、原則として「給料が高いほど」「長く働いている人ほど」受給額がアップする仕組みだ。

このことからわかるのは、早期退職に応じるなどして定年より早く会社を辞めた場合、それだけ老齢厚生年金の受給額が減ってしまうということ。公的年金は「生きている限りずっともらい続けられるお金」なので、受給額減少の影響は長生きするほど大きくなることを覚えておきたい。

自分の年金について知るには、毎年1回、誕生月に日本年金機構から送られてくる「ねんきん定期便」をチェックしよう。

50歳未満の場合は「これまでの加入実績に応じた年金額」しか載っていないが、50歳以上であれば「老齢年金の見込額」が記載されている。あくまで参考値ではあるが、何歳から年額いくらの年金を受けとれるのか、老齢基礎年金と老齢厚生年金の内訳がどうなっているかを知ることができる。老後の生活設計のためには、年金収入がどれくらいになるのかを知ることは欠かせないので、夫婦でお互いの年金額をしっかり把握しておきたい。

なお、49歳までの人が少しリアルな年金額を調べたい場合は、日本年金機構のサイトにある「ねんきんネット」を利用してシミュレーションしてみよう。

年金の支給開始年齢は、現在、段階的に引き上げられている最中だ。男性は1961（昭和36）年4月2日以降に生まれた人、女性は1966（昭和41）年4月2日以降に生まれた人は、老齢基礎年金も老齢厚生年金も受給できるのは65歳からだ【図38】。60歳で定年退職してそのまま無職になると、60〜65歳は給料も年金も受給できない〝空白期間〟となってしまうことに注意しよう。ここで一切収入がないと、老後資金をどんどん取り崩すことになる。年金受給が始まる65歳までは給料が下がっても再雇用などで働き続け、老後資金を減らさないようにすることが肝要だ。

年金はいつから、どれくらいもらえる？受給の流れを確認しよう

次に、具体的に年金の受給額がどのように変化するのかをイメージしてみよう。195ページ【図39】は、夫が会社員、妻は専業主婦の夫婦（いずれも年金受給開始は65歳）が受け取る年金を簡略化してフローチャートにまとめたものだ。

夫の年金は、老齢基礎年金が40年間保険料を支払って満額の場合、約78万円（20

図38 年金はいつからもらえる？

生年月日（昭和）	60 歳	61 歳	62 歳	63 歳	64 歳	65 歳〜
男性　22 年４月２日〜24 年４月１日				報酬比例部分		老齢厚生年金
女性　27 年４月２日〜29 年４月１日				定額	部分	老齢基礎年金
男性　24 年４月２日〜28 年４月１日				報酬比例部分		老齢厚生年金
女性　29 年４月２日〜33 年４月１日						老齢基礎年金
男性　28 年４月２日〜30 年４月１日				報酬比例部分		老齢厚生年金
女性　33 年４月２日〜35 年４月１日						老齢基礎年金
男性　30 年４月２日〜32 年４月１日				報酬比例部分		老齢厚生年金
女性　35 年４月２日〜37 年４月１日						老齢基礎年金
男性　32 年４月２日〜34 年４月１日				報酬比例部分		老齢厚生年金
女性　37 年４月２日〜39 年４月１日						老齢基礎年金
男性　34 年４月２日〜36 年４月１日				報酬比例部分		老齢厚生年金
女性　39 年４月２日〜41 年４月１日						老齢基礎年金
男性　36 年４月２日以降						老齢厚生年金
女性　41 年４月２日以降						老齢基礎年金

16年度）。厚生年金の報酬比例部分は人によって大きく異なるが、厚生労働省のモデルケースより年112万円とした。

1階部分の下にある「加給年金」は、〝家族手当〟のようなものだ。夫が「厚生年金に20年以上加入」「生活を維持する配偶者あり」「配偶者が65歳未満」などという条件を満たすと、妻が65歳になるまで年間約39万円受け取れる。

妻の年金は、老齢基礎年金が加入期間40年として約78万円。独身時代などに厚生年金に加入していた期間があれば、期間や平均給与の額により老齢厚生年金の報酬比例部分も受け取れる。働いていた期間が短いと金額も少ないため、図では「＋α」とした。

続いて、図の上部にある「世帯収入」に目を向けてほしい。まず、夫が65歳になったときの年金額229万円（＝月約19万円）、その後、妻が65歳になると年268万円＋α（＝月約22万円）となる。そして、夫が妻より先に死亡した場合、妻は遺族厚生年金を加えて年162万円（＝月約14万円）を受給することになる。なお、これは額面の年金額であり、国民健康保険や介護保険の保険料、税金等を差し引いたものが年金の手取り収入となる。

図39 年金受け取りの例【妻が専業主婦のケース】

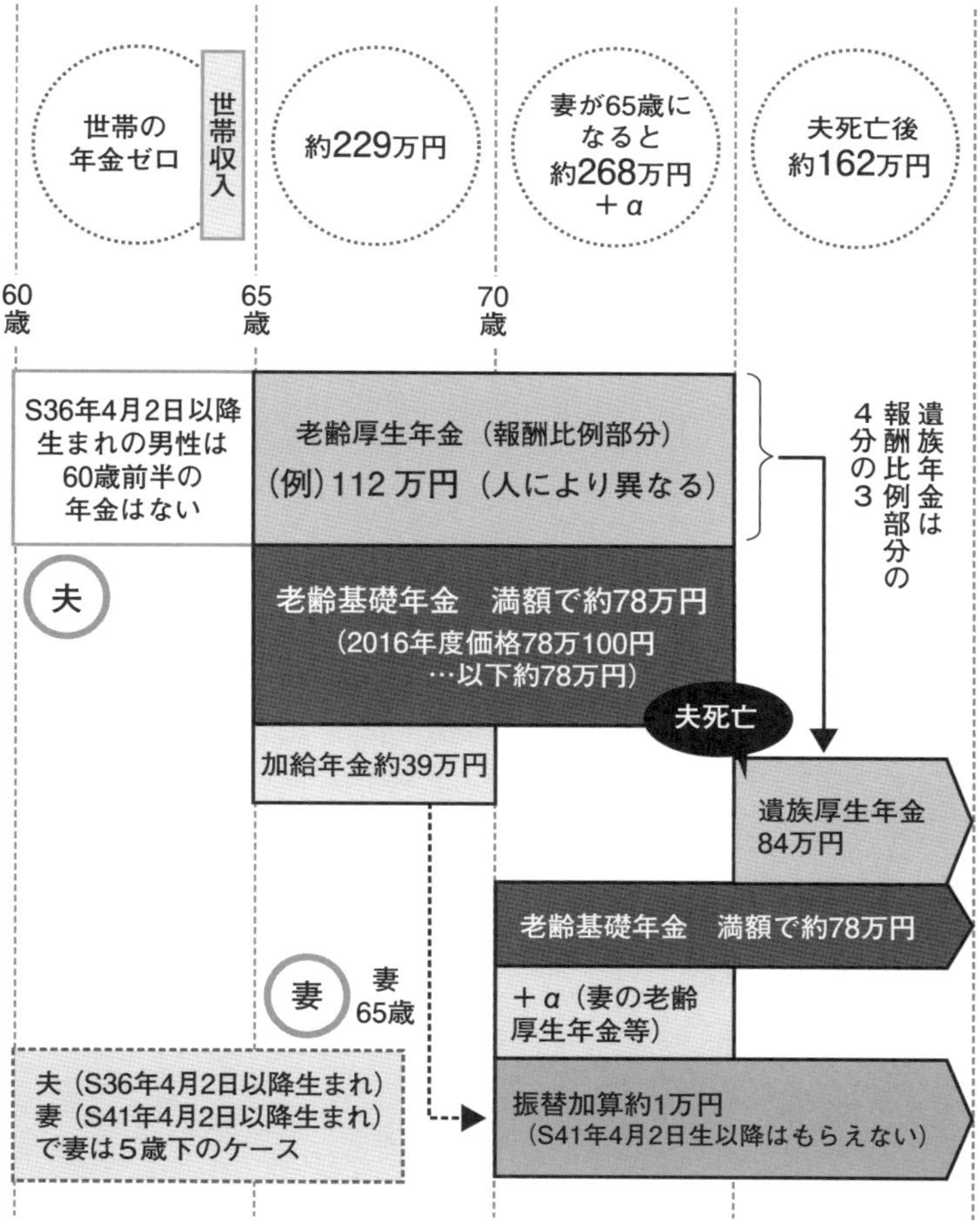

※厚生労働省のモデル金額であり、人によって異なる

図40 年金受け取りの例〈シングルまたは共働きのケース〉

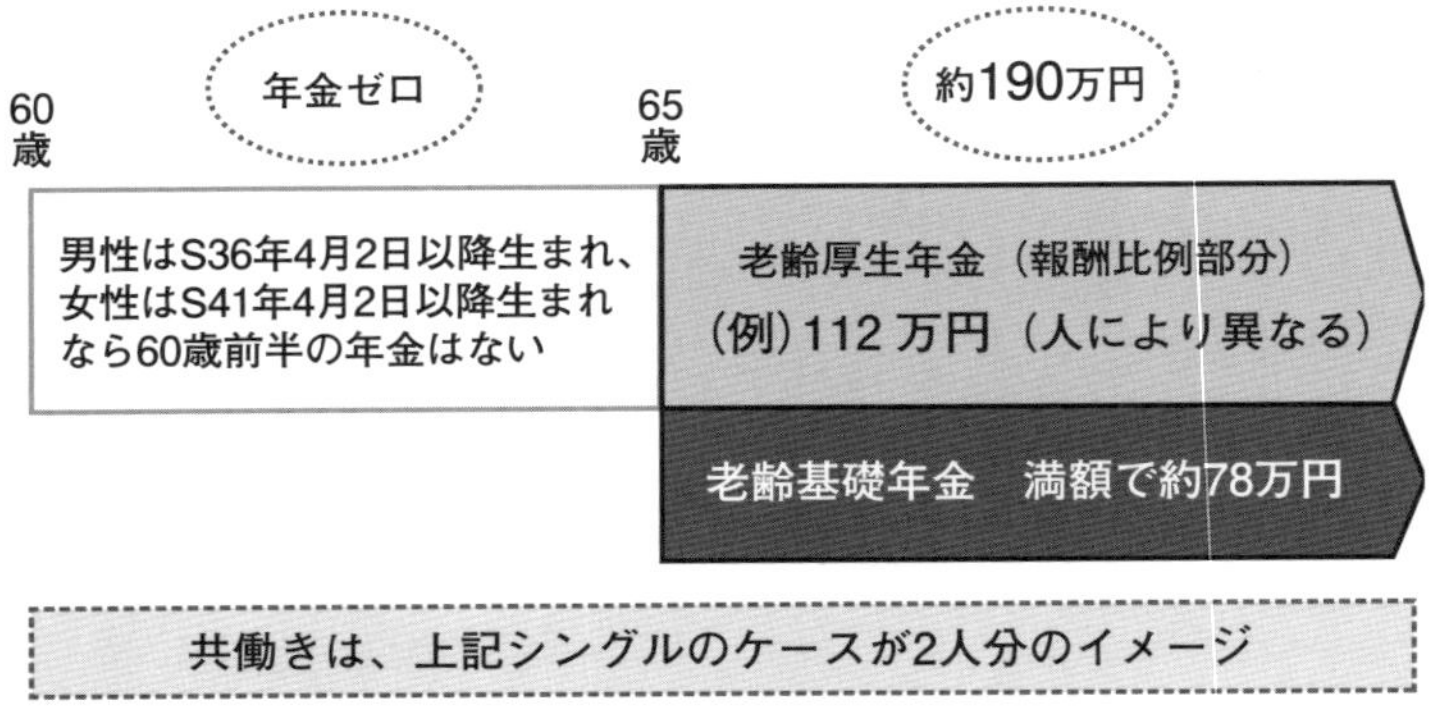

※厚生労働省のモデル金額であり、人によって異なる

シングルの人、共働きの人は、フローチャートが【図40】のようになる。老齢基礎年金と老齢厚生年金が２階建てになっているだけのシンプルな流れだ。共働きの場合はそれぞれが自分の年金を受給することになる。仮に夫婦ともに同じ年金額だとすれば、１９０万円×２人分で年３８０万円（＝月約32万円）となる。

「会社員の夫と専業主婦の妻」の場合、気をつけなければならないのは、夫の死後に世帯の年金収入が大きく減ることだ。

遺族年金は「夫の老齢厚生年金の４分の３相当額」となる。モデルケースでは、年金が額面で１００万円以上も減ってしまうことがわかる。このことをふまえて老後の生活設計を立てておかないと、夫が亡くなった後で妻が〝下流老人〟になってしまうおそれもある。

さて、「国の年金」の見込み額がわかったら、勤務先の「企業年金」の有無も調べてみよう。企業年金制度を設けている会社もあれば、一時金（退職金）だけの会社もある。制度は会社によってさまざまだが、おもに下記のようなパターンが考えられる。

- 退職一時金のみ
- 退職一時金＋企業年金（期間が決まっている有期年金の場合と、終身年金の場合がある）
- 退職一時金＋厚生年金基金
- 退職一時金＋確定拠出年金
- 確定拠出年金のみ

転職経験がある人は、企業年金の受給要件に注意したい。会社によっては「60歳時点で勤続20年以上の者」などといった要件を設けている場合がある。こうした規定がある場合、20年に1カ月でも満たなければ、企業年金が1円ももらえない可能性がある。

一般に企業年金が充実している会社は、退職一時金が少なく思えることがある。企業にしてみると、一時金も企業年金も合わせて「退職給付」なのだが、社員の多くは企業年金があることは知らず、退職一時金だけ受け取れると思っている。この場合、気をつけたいのが「退職金をあてにしすぎること」だ。

ある程度大きな会社に勤めていると、あまり根拠もなく「うちの会社なら退職金は2500万円くらいもらえるはず」と思い込んでいる人が多い。しかし、中には企業年金が充実している分、一時金が少ない会社もある。たとえば「住宅ローンの残りは退職一時金で完済しよう」と目論んでいる場合、アテが外れることもあるわけだ。思ったより少なかった退職一時金を使ってローンを完済してしまうと、老後資金が心もとなくなることも考えられる。

ちなみに、企業年金制度についてはよく知らないという人が多く、時としてもっと恐ろしい「思い込み」をしてしまう人もいるので、注意が必要だ。

以前、酒席で一緒になった50代の男性が、「年金はたぶん月に35万くらいもらえるはず。老後のことはあまり心配していない」と口にしたことがある。聞けば、新入社員の頃に定年間際の上司が「年金は毎月40万円もらえる」と言っていたという。「30年以上前の話だから今はもっと少ないだろう」と予想し、月35万円と皮算用したわけだ。

月35万円というのは公的年金だけではあり得ない金額なので、「それは企業年金を含めた金額ですね？」と訊ねたが、本人は「よくわからない」と言う。

その後、たまたまその人と同じ勤務先の人が私のもとへコンサルティングを受けにやって来た。勤務先の制度について詳しく話を聞くと、やはり企業年金のある会社だったのだが、資料を見ると60歳から10年間の有期年金とある。つまり、あの男性がかつて上司から聞いた「月40万円の年金」は70歳までの10年間だけしか受け取れないものであり、それ以降は公的年金だけだったわけだ。「老後はずっと月35万くらいもらい続けられる」と考えて老後の生活を思い描いているとしたら、勘違いに気付いたときは冷汗を流すことになりそうだ。

しかも、その会社の企業年金は運用率がバブル時期より引き下げられていた。さらに確定拠出年金制度も一部導入されている。つまり、かつてのような恵まれた年金額は期待できないし、定年まで時間がある世代ほど将来受け取れる企業年金の額が見えにくくなっているわけだ。

老後の生活設計が、くれぐれも「絵に描いた餅」にならないよう、自分の勤め先の企業年金についてはあらかじめよく調べておこう。

成人した子どもとの〝距離感〟は適度に保つ

子どもが成人した後は、子どもとの関わり方が老後の生活設計に大きな影響を与えることをふまえて適度な〝距離感〟を保つことを考えたい。

いくつになっても子どもは子どもであり、できるだけのことをしてあげたいと思うのは親心として当然だ。だが、「子どものために」と際限なくお金を出していると、子どもが収支を管理する力を削ぐだけでなく、結局は自分の老後資金が枯渇して子どもにそのツケが回ることにもなりかねない。**50代は、子どもが自立し、その一方で自分たちが老後の準備にスパートをかける時期となることをしっかり頭に入れておこう。**

よくある「子どものための支出」として挙げられるのは、携帯電話代や生命保険料だ。

携帯電話代は、子どもが学生だった時に契約したまま、社会人になっても親が負担し続けているというケースが少なくない。単に手続きが面倒でそのままになっているだけかもしれないし、「社会人になりたてだと給料はまだ少ないだろうから、払えるうちは払ってあげよう」といった考えもあるのかもしれない。

だが、ここで優先すべきは自分の老後への備えだ。スマートフォンでさまざまなコンテンツを利用できるようになっている昨今、携帯電話代は以前より高額な水準になっており、固定費としてばかにならない金額になっていることが多い。子ども自身が払うべきものは子どもに払わせ、余裕が出た分は貯蓄に回すようにしよう。

生命保険は、子どもが学資保険の満期金を受けとったときなどに保険会社の営業職員から「次はお子さんの保険も考えてあげたいですね」などと言われて加入してしまうケースや、子どもが社会人になったタイミングで「保険ぐらい入っておくもの」という考えで親が見繕って加入するケースがある。

だが、そもそも「亡くなったら経済的に困る人」がいない場合、生命保険は不要。少なくとも子どもが結婚するまでの間は、加入する必要はない。

医療保険については、「若くて貯蓄がなく、収入も少ない間は突発的な医療費の負担が心配。やはり必要では？」と思うかもしれないが、ここは子ども自身に「自分に必要な保障」を考えさせ、自分で商品を選び、自分で保険料を払って加入するというステップを踏ませることこそ大切だ。親頼みで保険に入り、「保険は入っておいたほうがいい」というイメージだけすり込まれれば、いずれは子ども自身が「何も考えずに保険に入りすぎてムダな保険料を払う人」になってしまいかねない。

なお、子どもへのお金のかけ方は、夫婦で目線をそろえておくことが大切だ。一度夫婦でしっかり話し合っておくことを勧めたい。

「親の介護」や「がん」を理由に仕事をやめてはいけない

自分が〝下流老人〟になることなどないだろうと思っている人が、ふとしたきっかけで〝下流〟への道を転がり落ちてしまうことがある。そのきっかけになりうるのが、親の介護だ。

政府が「介護離職ゼロ」という目標を掲げているのは、これはそれだけ「介護離職」をする人が多く、社会問題になっているからだ。総務省の「就業構造基本調査」（2012年度）によると、介護離職者は1年間で約10万人に上っている。

〝下流〟への転落を避けるためには、この「介護のための離職」はできる限り回避しなければならない。というのも、40～50代で仕事を辞めたり、負担が軽く給料が安い仕事に転職したりすると、その分だけ生涯で受けとれる給料が減るうえ、老後に受けとる年金も減ってしまうからだ。

たとえば50歳で親の介護が必要になり、会社を辞めた場合を考えてみよう。当然、

50～60歳で稼げたはずの収入がなくなる。もし年収700万円の人なら、10年分の7000万円が消えてしまうことになる。

年金額への影響も大きい。定年まで働けば、老齢厚生年金は年115万円、老齢基礎年金が78万円、合計で公的年金は約193万円になる（平均年収550万円として）。しかし50歳からの10年間働かなかった場合は、老齢厚生年金が77万円、老齢基礎年金が78万円合計約155万円ほどと、ぐっと減る（平均年収500万円として）。年金額は38万円減ってしまい、65歳からの20年間の年金受給額は、60歳まで働き続けた場合と比べて760万円も少なくなる。

生涯で得られる収入が7760万円も減少してしまえば、その影響は計り知れない。もちろんこの試算は極端なケースで、実際には介護中にも負担の軽い仕事を続けたり、親が亡くなった後で再就職して働いたりすれば、もう少し収入は改善されるだろう。

だが、一度離職してしまえば、再就職のときに以前と同水準の給料をもらって働き続けるのは難しい場合が多いのも事実。厳しいことを言えば、介護離職を選ぶということは、生涯の収入のうちかなりの額を失う覚悟をしたも同然だと考えておかなくてはならない。

「親の介護は自分で何とかしたい」と考える気持ちは、誰しもあるだろう。また、仕事ができる男性ほど、「仕事に100％集中できないなら、いっそ退職したほうがいい」と考える傾向もある。

しかし、介護離職をすればその後の道は想像以上に険しくなることを頭に入れておこう。〝下流〟への転落を防ぐという観点では、とにかく**「自分が仕事を辞めずに働き続けること」を最優先すべきだ。**

もう一つ心に留めておいてほしいのは、がんになったときのことだ。

がんは、部位などによっては治療が長引くことも多い病気だ。通院の負担や抗がん剤治療による一時的な体調不良などもあり、やはり仕事への責任感が強い人ほど「会社に迷惑をかけてしまう」「退職して治療に専念したほうがいいのでは」と考えがちだ。

だが、ひとたび長年勤めた会社を辞めてしまえば、収入の激減など家計に与えるダメージは大きくなる。もちろん病状次第という面はあるが、職場で周囲に相談しながら働ける可能性を模索し、できる限り働き続けることを目指したい。

倒れて寝たきりになってしまうような病気と異なり、がんは治療の計画が立てやすい面もあり、実は仕事との両立がしやすい病気だと見ることもできる。プロジェクトに取り組むときと同様、「どのタイミングで治療の頻度が高まるのか」「そのとき、身体の状態はどうなるのか」など想像できることを書き出し、「誰に最初に伝えるか」「どこまで説明するか」など取るべきアクションを決め、段取りをつけることを考えたい。

また、ダイバーシティが叫ばれる昨今、「多様な人が同じ職場で働く」という概念の中には、女性や高齢者、障害者などだけではなく、家庭で育児や介護を担っていたりする人や、がんなどの病気を抱えていたりする人たちも当然、含まれているのだ。厚生労働省もがん患者が仕事と治療を両立できるよう対策を進め始めており、企業側への指導もしていくという。「がんでも働く」という考え方は、これから社会に広がっていくはずだ。

おわりに

最後までお読みいただき、ありがとうございました。

現在私は、ダイヤモンド社のビジネス情報サイトである『ダイヤモンド・オンライン』で、『40代から備えたい　老後のお金クライシス！』というマネーコラムの連載をしています。

2014年にスタートして以来、当初の予想を超える反響をいただいており、〝老後のお金〟について40～50代のビジネスマンの関心が高まっていることを受けて、連載をベースに新たに書き下ろしたのが本書です。

さて「老後不安」は、どのように解消、または軽減するといいでしょうか。

本文でも書いてある通り、お金を貯めることはもちろん大切ですが、併せて「将来、お金のことで困るとすれば、どんなことが起こったときか」を知っておくと不安を軽減することができると考えています。

私はセミナーなどで「お金の不安」は、「お化け屋敷」にたとえることができると話しています。お化け屋敷は、真っ暗な中「どこで」「どんなお化け」に驚かされるかわからないから怖いのですね。

でも、たとえば息子がお化け役のアルバイトをしていて「3つ曲がったところで自分がこんな変装して待っている」と聞かされていれば、まったく怖くないはず。

お金の不安も同じです。「これからの人生で起こるかもしれない出来事」をあらかじめ知り、それぞれの対処法を身に付けておけば、不安は軽減されるのではないでしょうか。

本書の冒頭では、40~50代のみなさんを取り巻く厳しいお金環境について「これでもか」というほど書いています。本来、私のFPとしてのポリシーは「必要以上に不安を煽らず、すぐに実行できるアドバイスをすること」なのですが、あえて厳しい現実を最初にお伝えすることにしました。

なぜなら、お金を貯められない人が貯められるようになるのは「危機感」が必要だからです。ＦＰを20年やってきて、**貯蓄の多い、少ないは、収入の多寡ではなく「危機感を持っているかどうか」だと実感しています。**

「このままではマズイ」と危機感を持ったところで、第３章以降では具体的な対処法を紹介しています。ぜひ、「手を動かして」実践してみてください。

さて、ＦＰとしての私自身の老後プランはどうなっているか、気になる人もいるかもしれませんので、少しお話しましょう。

現在49歳で、夫と私、夫の両親の４人暮らし、子どもはいません。夫婦共に国民年金加入の自営業で「ねんきん定期便」の試算を見ると、将来もらえる年金額は２人合わせて１８０万円くらい。会社員ひとり分の年金額にも満たない金額ですので、老後リスクの高い自営業夫婦といえます。

さらに退職金もありませんから、会社員より老後資金を貯めなくてはいけない。わかっていながら、30代のうちはFPとして経験を積むのに無我夢中で、将来を見据えた準備に本格的に取りかかることができませんでした。

そこそこ貯蓄はしていましたが、40歳になったとき「このペースで貯めていくと、60歳のときの貯蓄額はいくらになるのだろう」と試算してみたところ、かなりマズイ結果に…。

そのとき私は、はじめて「危機感」を持ちました。

まず、最初にしたのは、60歳までに貯める目標額の設定。それを決めると、貯めるべき1年あたりの貯蓄額が明確になります。自営業は毎月の売上げに変動があるので、「毎月積み立て」を基本としながら、12月末に調整して「年単位の目標」達成できるように工夫しています。

何か支出を我慢したわけではないのですが、不思議なことに危機感を持ってタスクを決めただけで貯蓄のペースが大幅にアップしました。あと、私の場合は「プランを立てて実行に移す」ことができたことで、不安が少し減ったように思います。

もちろん、60歳以降も働く予定です。ただ「貯め期」は60歳までと決めただけです。自営業だからといって働きながら70歳までに老後資金を作ろうとするのは、リスク大。60代になり、病気になり思うように仕事ができなくなるかもしれないし、働く体力が50代までと同じくらいあるかどうかもわからない。

40~50代の会社員であるみなさんも「貯め期」は、60歳までです。60代も働くつもりでいたとしても50代と同じ収入を得るのはむずかしいからです。

みなさんも私も、最後の「貯め期」にさしかかっています。ぜひ、一歩を踏み出してみてください。

最後に、本書の出版にあたり、ダイヤモンド社のダイヤモンド・オンライン編集部副編集長の細川一彦さん、書籍編集局の木村香代さん、編集協力の千葉はるかさんにこの場を借りて心よりお礼を申し上げます。

丁寧なアドバイスと力強い伴走のおかげで本書を読者のみなさんに送り出すことができました。

この本が、定年後に備えるマネープランにご夫婦で取り組むきっかけとなってくれることを心から願っています。

２０１６年４月

生活設計塾クルー　深田晶恵

※本書は２０１６年４月現在の金利、商品情報に基づいて書いています。実際の投資や資産運用は、銀行、証券会社、保険会社などで情報を確認し、ご自身の判断で行ってください。本書を利用したことによるいかなる損害などについて、著者および出版社はその責を負いません。

［著者］
深田晶恵（ふかた・あきえ）
［株式会社 生活設計塾クルー 取締役］
ファイナンシャルプランナー（CFP）、（株）生活設計塾クルー取締役。1967年北海道生まれ。外資系電器メーカー勤務を経て96年にFPに転身。現在は、特定の金融機関に属さない独立系FP会社である「生活設計塾クルー」のメンバーとして、個人向けコンサルティングを行うほか、メディアや講演活動を通じて「買い手寄り」のマネー情報を発信している。20年間で受けた相談は4000件以上。日本経済新聞、日経WOMAN、レタスクラブ等でマネーコラムを連載、ほかにダイヤモンド・オンラインでの『40代から備えたい 老後のお金クライシス！』のネット連載も好評。
主な著書に『30代で知っておきたいお金の習慣』、『投資で失敗したくないと思ったらまず、読む本』『住宅ローンはこうして借りなさい　改訂５版』（共にダイヤモンド社）、『共働き夫婦のための「お金の教科書」』、『図解 老後のお金安心読本』（共に講談社）他多数。

平均寿命83歳！　貯金は足りる？
定年までにやるべき「お金」のこと
年金200万円で20年を安心に生きる方法

2016年４月21日　第１刷発行

著　者――深田晶恵
発行所――ダイヤモンド社
〒150-8409　東京都渋谷区神宮前6-12-17
http://www.diamond.co.jp/
電話／03･5778･7234（編集）　03･5778･7240（販売）
装丁――竹内雄二
本文デザイン･DTP－ムーブ（新田由起子、徳永裕美、川野有佐）
製作進行――ダイヤモンド・グラフィック社
印刷――加藤文明社
製本――ブックアート
編集協力――千葉はるか
編集担当――木村香代

ISBN 978-4-478-06919-6

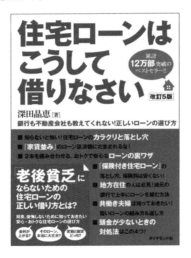

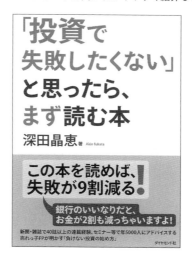